Institution et protection juridique de la forêt et des espaces boisés en milieu urbain

Adon Gnangui

INSTITUTION ET PROTECTION JURIDIQUE DE LA FORET ET DES ESPACES BOISES EN MILIEU URBAIN

L'Harmattan

5-7, rue de l'École-Polytechnique ; 75005 Paris

http://www.editions-harmattan.fr

ISBN : 978-2-343-25452-4

EAN : 9782343254524

Dédicace

A mon épouse et aux enfants ainsi qu'à ma mère, je dédie cet ouvrage pour leur manifester la pureté de mon amour.

Que l'Eternel notre Dieu, le Seigneur Jésus-Christ notre sauveur et protecteur et l'Esprit-Saint le consolateur à qui je rends grâce et remercie, pour tous leurs bienfaits dans notre vie, continuent inlassablement dans leur infinie bonté et Amour d'étendre leurs mains sur nous et de nous renouveler chaque jour leur grâce, au nom de Jésus-Christ !

Remerciements

Je voudrais très sincèrement dire merci aux autorités des États de Washington DC, Maryland et Virginie (DMV), qui ont su admirablement apprivoiser la forêt et les boisés au grand bonheur de leur population. Que cette excellente politique d'intégration de la nature dans la gestion de leurs villes fasse école dans tous les pays du monde. Encore merci et bravo !

Sincères remerciements aussi à tous les frères et sœurs en Christ, de la Mission Internationale de la Grande Moisson, singulièrement à mes parents spirituels : le couple pastoral, Elisabeth et Daniel Goulia, notre famille dans ce pays, les États-Unis d'Amérique.

Je ne saurais oublier dans cette série de manifestations de reconnaissance, le Pasteur, Apôtre et Prophète Albert Zouekeu du Cameroun mon bien-aimé frère en Christ, que dire : « mon précieux bien-aimé frère » comme nous nous appelons affectueusement, pour ses prières intenses.

Je tiens à dire grand merci à ma maison d'édition : L'Harmattan qui, pour la quatrième fois, me fait l'honneur de publier ces travaux de recherche sur un sujet plus que d'actualité. Merci spécial à David Laplagne pour son professionnalisme.

Je bénis le Nom du Seigneur Jésus-Christ de m'avoir permis encore une fois d'écrire ce livre qui me tenait tant à cœur car c'est pour moi une fois encore, nonobstant mon éloignement des amphithéâtres et de mes étudiants, une bonne contribution à la lutte contre le réchauffement climatique de la planète.

A vous tous, que le Seigneur vous renouvelle chaque jour sa bonté, sa grâce et son amour.

« *Les arbres sont les outils urbains polyvalents par excellence.* » **Gary Moll**, ONG American Forests.

« *Un puissant appel résonne à présent dans le monde entier, tous l'entendent, mais* […]. *Partout où l'arbre a disparu, l'homme a été puni de son imprévoyance* […]. *On voit dans quelles extrémités regrettables cette attitude, cette mentalité d'exploitation nous a menés. L'arbre n'est pas uniquement un apport économique, il est aussi un apport précieux à notre bien-être.* » **Chateaubriand, soulignant l'apport capital de l'arbre dans nos vies**.

« *L'arbre est une chance immense pour le concepteur des villes. Il est en soi un objet foncièrement poétique. L'arbre donne à rêver.* » **Michel Péna, président de la Fédération française du Paysage**.

« *"L'homme est un arbre qui marche",* […]. *L'arbre serait donc un homme immobile ? Moins objet que sujet, acteur plus que témoin de notre vie en ville, l'arbre, être vivant, est d'abord un partenaire, un voisin incontournable avec lequel il nous faut composer, négocier et nous entendre au bénéfice de tous. Nous le soignons et il nous soigne. Nous lui rendons et il nous rend la ville viable. En somme, nous assurons notre survie réciproque. Le maltraiter, le contraindre, l'éliminer, serait, disons-le une fois pour toutes, écologiquement suicidaire !* » **Madame Fotopulus, au Sommet de Montréal sur la politique de l'arbre**.

« *Quelqu'un s'assoit à l'ombre aujourd'hui parce que quelqu'un d'autre a planté un arbre il y a longtemps.* »
Warren Buffett.

Ces assertions susmentionnées se résumeraient tout simplement à l'idée que : L'homme en ville doit sa survie et sa quiétude à la forêt urbaine qui, à son tour, doit les siennes à l'homme. Autrement dit, l'ensemble des arbres qui la composent, tout comme la forêt urbaine elle-même doivent les leurs à l'homme. Une interdépendance irrévocable qui fonde notre vie tant en milieu urbain que rural.

AVANT-PROPOS

Nous savons gré à la forêt et à l'ensemble des arbres isolés, par leur personnification de la nature dans les États de Washington DC, Maryland et Virginie (DMV) où nous séjournons depuis quelques années, d'avoir rendu possible cette étude.

En arrivant dans ce grand pays qui est les États-Unis d'Amérique : la première puissance du monde, nous avons été frappés par la qualité de l'atmosphère non seulement dans l'État du Maryland où nous sommes établis, mais également dans les deux États environnants que sont Washington DC et Virginie. En effet, comme il est donné de constater dans de nombreuses métropoles à travers le monde, où la pollution atmosphérique est récurrente dans la plupart des cas du fait généralement du gaz carbonique que dégagent les véhicules et autres objets à moteur, notre surprise fut agréable dans les États de Washington DC, Maryland et Virginie. En effet dans ces trois grands États américains, le ciel offre en permanence aux citoyens une couleur bleutée soutenue par un air pur, donnant l'impression d'être dans une profonde campagne en France, en Chine, au Mexique, ou ailleurs dans le monde.

Naturellement, cette qualité admirable et surprenante de l'atmosphère dans ces États ne pouvait pas ne pas attirer l'attention de toute conscience environnementale. Il est clair que pour le citoyen qui y a toujours vécu, tout parait naturel ou normal. Ce qui n'est pas le cas pour quelqu'un qui vient d'ailleurs où c'est un combat quotidien pour soustraire l'atmosphère de la pollution dans les grandes métropoles. Nous pouvons prendre, par exemple, le cas de la ville de Paris en France où surtout pendant l'été, les autorités publiques ne cessent de sensibiliser les automobilistes de réduire leur vitesse ou mieux d'éviter l'usage du véhicule si possible. Bref ! Dans le DMV où le parc auto est très important, il n'en est rien de ces campagnes de sensibilisation. Tout étant naturellement en place pour absorber le gaz des véhicules et autres engins à moteur. Ainsi, le risque de pollution atmosphérique dans le DMV est presque réduit à zéro.

Le secret américain est simple, c'est la Nature dans la ville : en effet, l'importante présence des infrastructures vertes dans le milieu urbain justifie la qualité étonnante que nous offre l'atmosphère dans le milieu métropolitain dans ces États comme dans de nombreux autres États de la Fédération.

Nous ne pouvons pas demeurer indifférents, en tant qu'environnementalistes, face à cet état de fait. Connaissant préalablement le rôle de puits de carbone que joue la forêt pour son absorption de carbone atmosphérique, nous avons donc trouvé nécessaire de mener cette étude. L'objectif étant de mettre en relief le rôle que peut jouer effectivement la forêt dans la lutte contre la pollution atmosphérique, un véritable casse-tête pour tous, dans nos métropoles. À cet égard, la forêt nous parait à première vue une opportunité pour offrir une meilleure qualité de vie aux citadins. C'est une question de santé publique qui interpelle les gouvernants. L'invitation de la forêt en ville est, loin sans faute, la solution, à bien des égards, tant recherchée pour remédier au problème de pollution atmosphérique dans nos villes.

Cet ouvrage est accessible à tous : juristes environnementalistes, enseignants, chercheurs, écologistes, gouvernants ou décideurs et tous ceux qui sont épris d'une meilleure qualité de vie en ville. Chacun doit y trouver son compte.

INTRODUCTION

La notion de forêt est couramment définie d'abord, comme une vaste étendue couverte d'arbres et ensuite, comme une formation végétale où prédominent les arbres au point de modifier les conditions écologiques régnant au sol. La seconde définition représente ici la source de toute notre attention et le centre d'intérêt de cette étude. En effet, l'aspect écologique de la forêt est l'une des raisons fondamentales qui anime environnementalistes et écologistes dans leur combat pour la protection et la préservation du couvert forestier mondial. Outre cette fonction écologique de la forêt, il y a naturellement sa fonction première, celle qui lui vaut sa destruction dans les pays pauvres forestiers. C'est-à-dire sa fonction économique. Mais la forêt a une troisième fonction et non des moindres, c'est la fonction sociale. Ces trois fonctions : écologique, économique et sociale lui valent toutes les convoitises. Dans le cadre de cette étude, notre intérêt sera porté essentiellement sur les fonctions écologique et sociale de la forêt en milieu urbain.

Le rôle de la forêt dans l'équilibre écologique de la planète est connu de tous et avéré. L'inquiétude que provoque l'amenuisement du patrimoine mondial forestier est, à cet égard, amplement justifiée. Pourtant, le phénomène de déforestation continue de s'accentuer dans les pays à faibles revenus qui regorgent plus à ce jour de couverts forestiers naturels. Il s'agit des forêts tropicales qui constituent le berceau de toute la diversité biologique de notre planète du fait de leur caractère naturel. Plus grave, les politiques de reboisement initiées dans ces pays ne semblent pas produire les résultats souhaités. C'est sans doute du fait que la forêt continue, à ce jour, d'y être la mère nourricière.

Aujourd'hui, du fait de ses fonctions économique, écologique et socioculturelle, la forêt est de plus en plus la bienvenue dans les milieux urbains. On va alors parler de forêt urbaine. La notion de forêt urbaine apparait à la fin du XXe siècle. Elle désigne une forêt ou des boisements en milieu urbain. Très souvent, on parlera aussi de forêt périurbaine lorsqu'il s'agit de forêt qui cerne la ville ou le milieu urbain.

Avec la croissance démographique que connaissent de plus en plus les grandes agglomérations dans presque tous les pays, développés ou en développement, il est inéluctable que surviennent des problèmes écologiques liés à cette croissance. En effet, plus les villes se développent, plus les besoins des habitants en véhicule ou autres engins à moteur pour leurs déplacements s'accroissent. Du coup, dans les villes, il se pose le problème de la pollution atmosphérique du fait du nombre de plus en plus important de parcs auto qui deviennent alors un véritable phénomène social dans les villes. Les municipalités se trouvent donc confrontées à ce phénomène. Elles multiplient bien souvent les campagnes de sensibilisation en direction des conducteurs de véhicule en les invitant à un comportement citoyen et écologiste. Certaines grandes villes comme Londres, par exemple, règlementent l'entrée des véhicules dans la capitale pour limiter la pollution atmosphérique. Mais il est souvent difficile de discipliner les automobilistes. Donc, les gestes « verts » ne suivent pas. Aux États-Unis, la plupart des États ont trouvé le remède pour lutter contre le phénomène. Il s'agit du développement des forêts urbaines qui parsèment la plupart des villes américaines. Le résultat est, pour le moins qu'on puisse dire, satisfaisant et bien visible.

En effet, la forêt est reconnue pour son absorption du carbone atmosphérique. Ce qui fait d'elle le puits de carbone ou puits de gaz carbonique (CO_2). Elle apparait donc comme un réservoir, naturel ou artificiel, de carbone qui absorbe le carbone atmosphérique. La forêt contribue donc ainsi à diminuer la quantité de CO_2 présent dans l'atmosphère et, en conséquence, le réchauffement de la planète. C'est à cet égard que la forêt joue en effet son rôle écologique en milieu urbain en plus de la fonction sociale qu'elle a toujours eue. Force est donc de constater que les forêts en milieu urbain ou périurbain apparaissent comme des espaces désormais indispensables ou même complémentaires de la ville. Leur présence va sans doute s'imposer tôt ou tard à toutes les villes. Il semble alors nécessaire de promouvoir la création de forêts urbaines dans les grandes villes ou tout simplement dans les villes. Dans ce cas, il faut prendre des dispositions ou des mesures appropriées pour leur protection et leur préservation. Il s'impose alors la mise en place d'un cadre juridique et réglementaire idoine pour leur protection et leur gestion. Dans le cadre de cette étude, il convient avant tout, pour une véritable institutionnalisation des forêts en milieu urbain, d'évoquer la nécessité d'élaborer un cadre juridique approprié. Ensuite, nous étudierons les motivations de la nécessité d'institutionnaliser les forêts dans nos lieux de vie à travers l'examen de leurs fonctions.

PARTIE I

ÉLABORATION D'UN CADRE JURIDIQUE APPROPRIÉ POUR UNE MEILLEURE PROTECTION DE LA FORÊT EN MILIEU URBAIN

Le débat sur les besoins des sociétés urbaines et les avantages exigés et procurés par la foresterie urbaine mènent à une vision commune du rôle qu'elle joue ou, mieux, qu'elle pourrait jouer dans tous les contextes urbains au monde. Il parait donc important de doter cette infrastructure verte d'une législation et d'une réglementation adaptées aux fins de sa protection et de sa préservation. Mais surtout pour qu'elle puisse offrir aux populations urbaines toutes les attentes nécessaires et qui justifieraient sa présence et notamment, sa coexistence avec les êtres humains. Il parait toutefois légitime, et avant tout, de nous rendre compte de ce que représente réellement cet ensemble de la végétation ligneuse ou non présente à l'intérieur d'agglomérations denses, allant des petites communautés rurales aux régions métropolitaines. Autrement dit, il nous importe de définir la notion de la foresterie urbaine dans un chapitre premier avant d'examiner dans un second chapitre la nécessité d'élaborer un cadre juridique idoine pour assurer la bonne gestion de cet écosystème forestier ou des espaces boisés en milieu urbain.

Chapitre 1 : Notion de la foresterie urbaine

Il nous sera aisé de mieux nous rendre compte de ce que peut bien être la forêt urbaine. La forêt qui doit évoluer dans le milieu urbain où l'omniprésence de l'être humain peut être un handicap. En effet, il est clair que dans la mesure où la forêt se trouve aujourd'hui fréquemment au contact des populations citadines, située dans l'aire d'influence des villes ou directement intégrée dans l'espace bâti, elle est, loin sans faute, exposée à de nombreux dangers dont principalement celui émanant de l'être humain lui-même. C'est pour cela que le législateur doit tenir compte de cette réalité pour légiférer aux fins d'une meilleure protection et d'une préservation adéquates de ces forêts urbaines des actions anthropiques.

Il convient, avant de nous investir dans la définition de la forêt urbaine, de nous intéresser à la définition plus générale de la notion de forêt, c'est-à-dire, de nous rendre compte de ce qu'est la forêt au plan conceptuel (I), ensuite nous pourrons valablement nous déployer sur un essai de définition de la notion de la forêt urbaine (II).

I. Définition conceptuelle de la Forêt

Ordinairement, la forêt est considérée comme étant en dehors des lieux de vie humaine. Du coup, la définition spontanée que l'individu lambda donne à la forêt est : un immense espace rempli d'arbres matures. Ou alors un milieu exempt de toute vie humaine et envahi par la brousse et les arbres. Mais il apparait de plus en plus que la forêt se retrouve en ville, parmi nous, au milieu des êtres humains. Il s'agit donc d'un phénomène nouveau qui fait son apparition à la fin du XXe siècle dans certaines grandes villes en Occident. Du coup, on assiste à une évolution de la notion de forêt. Ainsi, l'on parlera désormais de forêt urbaine comme par opposition à la forêt rurale. Avant d'examiner la définition générale de la forêt et de comprendre l'étymologie de la forêt urbaine, découvrons d'abord l'approche historique de cette dernière.

1.1. Approche historique

Depuis donc le début du XXIe siècle, la forêt urbaine fait partie du quotidien des citadins dans de nombreuses grandes villes en Occident. Elle désigne une forêt ou des boisements poussant dans un milieu urbain. On parle généralement de forêt périurbaine quand elle cerne la ville ou sa banlieue. En tout cas, il faut dire qu'au départ, en effet les forêts en milieu urbain se trouvaient généralement à l'orée des villes. Il s'agissait alors de forêts périurbaines. Mais depuis un moment, ces boisements se retrouvent en pleine ville, aux abords des habitations. Du coup, le concept de forêt urbaine, bien que récent, va surplomber celui de forêt périurbaine. On parle alors dorénavant de plus en plus de forêt urbaine. Elle se différencie de la notion de « parc urbain » en accordant plus d'importance à la naturalité, aux milieux et aux services écosystémiques rendus.

Le phénomène est de plus en plus apparent dans de nombreuses villes en Occident, du moins, dans les pays développés. Ainsi, le Canada est le pays où la forêt urbaine a d'abord fait son apparition. En Europe, les villes telles que Bruxelles, Oslo, Londres, Berlin, Stuttgart, Stockholm ou Zurich abritent de vastes étendues boisées. En Amérique, les États-Unis constituent le pays où la forêt urbaine est omniprésente dans chaque grande ville. En Afrique, pour le moment, le phénomène n'a pas encore gagné l'esprit des gouvernants et environnementalistes qui malheureusement n'en font pas une priorité de gouvernement ou de mesures de protection de l'environnement.

Pour mieux cerner les raisons pour lesquelles la forêt est désormais tant sollicitée dans les lieux de vie humaine, il importe de tenter de définir ce qu'est la forêt. Pour y arriver, il convient de voir d'abord l'étymologie du mot « forêt » avant de tenter de définir la notion de forêt.

1.2. Étymologie de la forêt[1]

À l'origine lorsqu'on dit : « aller en forêt », cela voudrait dire « aller dehors ». C'est-à-dire aller hors du lieu habité. À l'époque carolingienne (751-987), le mot « forêt » proviendrait soit du francique *forh-ist* qui est un terme juridique, soit du latin *foris* qui signifie « en dehors », c'est-à-dire tout milieu extérieur à la civilisation, lieu sauvage et peu accueillant. Ainsi donc à cette époque, la forêt est considérée comme un milieu extérieur, signifiant « le dehors » par rapport au milieu habité par les hommes, aux maisons qui constituent « le dedans ». Du coup, toute personne qui sort de l'intérieur, c'est-à-dire de la maison, va à l'extérieur, donc dehors autrement dit, dans la forêt[2].

---

[1] Cf. doc FOGEFOR du Limousin (France), « La forêt : essai de définition », 22 février 2011, 5 p.

[2] Cet extérieur, cette frontière est nécessaire à l'Homme car si elle disparaît, l'intérieur disparaît également. En effet, l'intérieur constitue le lieu où habite l'Homme, et son fondement même repose sur l'existence de l'extérieur. Donc, la crainte de voir disparaître les forêts n'est pas seulement d'ordre écologique, elle relève plus fortement de l'angoisse pour l'Homme de perdre son propre habitat et tous ses repères. Voir note 2, doc Fogefor, doc. cit., p. 1.

Il convient de souligner en effet que cette approche juridique de la forêt se situe à une période où les forêts occupaient encore une grande partie des territoires et que l'espace ouvert ne se limitait qu'aux clairières naturelles et aux clairières villageoises. Ainsi, la forêt est considérée comme le milieu extérieur, c'est-à-dire : le « dehors ».

L'affirmation selon laquelle, lorsque les populations sortent de leur maison et, par extension, de la clairière, elles vont dehors, c'est-à-dire vont dans la forêt, va dans le sens du mot forestier. Un terme qui apparaît au XIIe siècle, signifiant celui qui vit tel un animal dans les forêts, l'individu sauvage, grossier, donc l'opposition même à l'homme qui habite les clairières, l'homme civilisé[3]. La signification donnée à la forêt va évoluer d'époque en époque. Ainsi en France, à la Renaissance le mot « forestier » prendra le sens d'étranger, exilé en référence aux marginaux, aux personnes rejetées de la société allant se cacher et vivre en forêt. En clair, la forêt est le lieu qui accueille les rejets, voire les déchets de la société.

L'expression *silva forestis* du latin classique, sous Charlemagne de 747 en 814, signifie « forêt royale », c'est-à-dire qui relève de l'autorité et de la justice du roi. Au Moyen Âge, cette zone va être réservée aux chasses seigneuriales et devient donc « forêt hors de l'enclos », où

---

[3] Habiter à la différence de vivre fait référence à la demeure, à l'habitation dans un lieu donné. Le point d'ancrage de l'habitant est plus repérable (la construction de la maison). L'habitant s'approprie pleinement le lieu, il modifie le milieu, l'aménage, il s'installe dans la durée, il donne du sens au lieu dans lequel il vit… Au contraire, vivre a un sens plus basique, celui de satisfaire nos besoins les plus élémentaires : protection, repos, nourriture, quels que soient le lieu et le temps que nous y restons. Dans une certaine mesure, vivre a un sens plus animal que l'habiter qui est le propre de l'Homme ; habiter : c'est vivre plus demeurer. Voir note 3, doc. Fogefor, doc. cit., p. 1.

tout défrichement est interdit et la chasse gardée. En France, à partir de la seconde moitié du XIIe siècle, le terme *foresta*, pris isolément, désigne forêt.

À l'époque romaine, voire bien avant, la forêt est considérée comme un milieu en marge de la carrière villageoise. Du coup, la forêt apparait paradoxalement, à cette époque, comme mère nourricière, essentielle à la survie des populations qui y trouvent les ressources nécessaires d'existence et pour qui elle est un lieu de protection contre les diverses oppressions dont elles peuvent faire l'objet. D'ailleurs en Occident, la civilisation « a défriché son espace au cœur des forêts »[4]. En Afrique, chez certains peuples, le parcours initiatique des jeunes hommes adolescents se fait en forêt aux fins de leur purification et élévation. Généralement, ces forêts ne sont pas ordinaires. Il s'agit de forêts sacrées où sont interdites toutes actions anthropiques. Ils acquièrent donc leur qualité d'hommes adultes et responsables dans la société seulement à la suite de leur passage initiatique dans la forêt. De façon générale, il faut dire qu'en Afrique les rapports traditionnels entre les populations et leur environnement, en particulier l'arbre et la forêt, sont vivaces tant dans leurs aspects alimentaires et matériels que dans leurs aspects spirituels et culturels.

Même si dès le départ, la forêt fut marginalisée, il convient de se rendre compte qu'au fil du temps, elle revêt une place de choix dans les sociétés. Ainsi, la forêt fera l'objet de représentations différentes par les hommes qui la considèrent par moments comme un obstacle, du moins visuel. Elle génère des sentiments et même des comportements contradictoires. Ainsi, elle fascine et fait

---

[4] Cf. Fogefor, doc. cit., p. 2.

peur à la fois. Elle figure le mystère, l'inconnu, nous ne voyons pas ce qu'elle cache et s'y cache[5].

Après cette approche étymologique de la forêt, il convient de dire que la forêt ne répond pas à une définition univoque. Il y en a en effet plusieurs. Ainsi, avec l'apparition du concept de forêt urbaine, c'est indéniablement l'extension de la définition même de la notion de la forêt qui évolue. D'abord, examinons la définition générale de la notion de la forêt, avant de définir le concept de forêt urbaine.

1.3. Définition générale de la forêt

La forêt est considérée comme une formation végétale constituée d'arbres plantés ou spontanés aux cimes jointives ou peu espacées dominant souvent un sous-bois arbustif ou herbacé. Cette définition est à comparer avec notre être le plus profond, le siège de nos émotions s'entremêlant à l'image du branchage des arbres, un endroit très dense, très fourni qui nous échappe souvent. En clair, la forêt se caractérise par une double définition. Ainsi, elle est considérée d'une part, comme une vaste étendue couverte d'arbres et d'autre part, comme une formation végétale où prédominent les arbres au point de modifier les conditions écologiques régnant au sol.

Force est de constater que le primat des données naturalistes de la foresterie et de l'écologie correspond aisément à la traduction de ces deux définitions dans la conception de l'objet « forêt ». Ainsi, la forêt est admise comme un écosystème avec des composantes multiples,

---

[5] *Idem.*

parfois imperceptibles, et en interaction constante garantissant un équilibre.

Si nous voulons aller du côté des juristes pour tenter de s'assurer d'une définition précise, voire univoque, de la notion de la forêt, c'est la déception totale. En effet, au plan juridique, il convient de remarquer que la forêt souffre de définition précise du fait du mutisme des législateurs. Tant dans les droits internes que dans le droit international, le législateur reste muet sur la définition juridique de la forêt. C'est d'ailleurs le cas en France où aucun texte législatif ou réglementaire, ni aucun tribunal ne donnent une définition juridique de la forêt. On peut alors imaginer par moments les difficultés que peut rencontrer le code forestier dans son application.

Toutefois, il y a un principe qui est l'état physique sur lequel se base la qualification de la forêt. En effet, la qualification de bois ou forêt est une question de fait. C'est l'état concret du terrain concerné qui compte et non un zonage ou de classement administratif. Ainsi, le code forestier s'applique pleinement à un terrain devenu boisé, même s'il est resté classé lande ou terre agricole par le cadastre[6]. En France par exemple, pour avoir une définition juridique de la forêt pouvant permettre l'application du code forestier, il faut se référer à la circulaire de 1971 relative à la taxe sur le défrichement. En effet selon cette circulaire, « *les bois et forêts sont les formations végétales comprenant des tiges d'arbres d'essences forestières dont les cimes, si elles arrivaient simultanément à maturité, couvriraient la plus grande partie du terrain occupé par la formation, que celle-ci soit au moment de l'enquête à l'état de semis, de rejets sur*

---

[6] Cf. Thierry du PELOUX, « Définition juridique de la forêt », in revue *Forêt de France*, n° 512, avril 2008.

souches, de fourrés, de gaulis, de perchis ou de futaie », et elle ajoute que, selon une jurisprudence constante, « *les peupleraies sont des peuplements forestiers* »[7].

Au plan physique, toujours en France, la forêt est définie par l'Inventaire forestier national (IFN) comme : « Territoire occupant une superficie d'au moins 50 ares avec des essences forestières capables d'atteindre une hauteur supérieure à 5 m à maturité *in situ*, un couvert arboré de plus de 10 % et une largeur moyenne d'au moins 20 m ». Cette définition assez floue d'ailleurs n'est pas celle que va retenir le droit français et encore moins le droit européen. Il faut remarquer que la forêt, patrimoine naturel mondial, est très sensible pour chaque pays dans lequel elle se trouve. Il est d'autant plus sensible que chaque pays se donne le droit absolu de lui donner une qualification aux fins de préserver ce patrimoine précieux et d'en user selon ses besoins bien que sa détérioration dans tel ou tel pays où il se trouve ait indubitablement des conséquences écologiques réelles sur le reste de la planète. Cette difficulté dénote d'ailleurs le fait que jusque-là, il n'y a pas de législation internationale commune pour une protection juridique du patrimoine mondial forestier. Nous sommes toujours dans l'attente de l'organisation d'une convention mondiale, sous l'égide sans doute de l'Organisation des Nations Unies (ONU), sur la forêt.

Ceci dit, au regard des différentes définitions de la forêt, force est de constater que celles-ci paraissent à priori simples et admises par tous. Mais lorsque nous regardons dans différents pays, elles laissent apparaitre des différences assez nettes qui sont du fait des intérêts que

[7] Circulaire du 18 janvier 1971 relative à la taxe sur le défrichement, France.

chaque pays tire du patrimoine forestier. Ainsi, ces différences peuvent être d'ordre administratif, ou même juridique, liées aux usages de la population, à leur potentiel de production de bois, leur surface minimum, la hauteur des arbres ou encore s'appuyant sur la couverture de ces arbres au sol. Certaines définitions incluent aussi des critères topographiques, ou excluent les forêts plantées. Elles peuvent aussi varier dans le temps, en fonction de la politique menée sur cette partie du territoire[8]. L'Organisation des Nations Unies pour l'Alimentation et l'Agriculture (FAO) définit les forêts comme des terres occupant une superficie de plus de 0,5 hectare (5 000 m^2) avec des arbres atteignant une hauteur supérieure à 5 mètres et un couvert forestier de plus de 10 %, ou avec des arbres capables de remplir ces critères. Force est d'observer que cette définition onusienne exclut les terres dont la vocation prédominante est agricole ou urbaine.

En somme, la forêt est perçue comme un « archétype de la nature »[9]. Elle se trouve plongée au cœur des enjeux sociaux. La gestion forestière ne se résume plus à des prescriptions technico-économiques, mais prend en compte des attentes mal définies et résumées sous le vocable d'attentes sociales. De plus, elle intègre la notion de biodiversité, et de relations du maintien de celle-ci avec les autres usages de la forêt, même si lesdites relations sont très difficiles à mesurer dans le cadre de nos connaissances actuelles. Plus récemment, elle commence à intégrer les réflexions sur les bénéfices à long terme

---

[8] Cf. doc. Fogefor, doc. cit., p. 3.

[9] EIZNER Nicole (1995) : « La forêt, archétype de la nature », in *La Forêt, les savoirs et le citoyen. Regards croisés sur les acteurs, les pratiques et les représentations*. Le Creusot, Éditions ANCR, p. 17-20.

attendus sur le non-usage de la forêt, avec une réflexion en cours d'évolution.

En réalité, à tout point de vue, nonobstant ses définitions pléthoriques du moment, la forêt n'est pas qu'une formation végétale ou un écosystème, mais aussi et surtout un espace des sociétés humaines. Les êtres humains entretiennent depuis toujours « une relation ambiguë avec la forêt. Celle-ci ayant été considérée selon les lieux et les époques, tour à tour et/ou en même temps comme un domaine sacré, voire intouchable, mais aussi comme une zone hostile, répulsive, comme un territoire et une ressource à domestiquer, à exploiter, protéger, privatiser même, ou tout simplement à supprimer, généralement au profit de l'agriculture. Lieu de vie pour des peuples entiers, surtout par le passé et aujourd'hui encore, elle sert souvent de refuge aux marginaux de la société tout comme à ceux qui en refusent ou en contestent l'ordre établi »[10].

Pour les sociologues, la forêt est un territoire géré par des individus et structuré par des rivalités de groupes sociaux qui cherchent à contrôler le territoire forestier. De plus, ce territoire intègre le concept de nature : pour les forestiers, une forêt n'est pas naturelle, tandis que pour le citoyen lambda, elle est au contraire l'archétype même de la nature. C'est aussi une forêt idéalisée, imaginaire, symbolisée pour tout ou partie, dans le psychosystème[11].

La forêt est perçue et représentée de bien des façons en s'appuyant sur des éléments fondateurs et des mythes originels, mais ne laisse aucune société indifférente. C'est par référence à des écrivains américains de la fin du XIXe ou du début du XXe siècle qui ont inspiré certains

---

[10] Doc. Fogefor, doc. cit., p. 4.
[11] *Idem.*

mouvements écologistes actuels que la forêt est investie de valeurs morales et purifiantes. Ce qui ressemble le plus à une nature supposée originelle est devenu une finalité. Ainsi, les plantations, jugées trop artificielles sont à proscrire pour les écologistes tandis qu'elles se justifient pour le forestier par un raisonnement économique. L'idée de paysage esthétique intervient mais pas nécessairement dans le même sens que celle de nature : le bois mort ou sénescent est naturel et pourtant il fait « sale » et inesthétique. Ces valeurs sont fortement empreintes de romantisme[12].

À la fin du XXe siècle, la forêt fait son apparition au milieu de l'habitat humain. Du coup, la perception de la forêt et sa représentation vont connaitre une évolution fondamentale. À l'instar des espaces verts ou parcs en milieu urbain, la nécessité de la forêt gagne les consciences collectives. On parlera de forêt urbaine. Un concept nouveau qui fait l'objet de toute notre attention dans cette étude et qu'il importe de définir.

II. Essai de définition de la notion de forêt urbaine

La forêt, jadis écartée des lieux d'habitation du monde civilisé, c'est-à-dire des humains, est désormais partie intégrante de nos lieux de vie. En effet, la forêt est désormais de plus en plus apprivoisée, depuis la fin du siècle dernier. Elle prend alors l'appellation de forêt urbaine. C'est-à-dire une forêt ou des boisements poussant en milieu urbain. C'est à la fin du XXe siècle que la notion de forêt urbaine voit le jour.

---

[12] *Ibidem.*

Généralement, la forêt urbaine peut s'obtenir de différentes manières : soit à partir de vestiges préservés de la forêt naturelle, par exemple, le bois ou la forêt de la Cambre au cœur de la ville de Bruxelles en Belgique ; soit à partir de boisements anciens présents avant l'accroissement urbain et donc préservés parfois en partie pour des raisons de stratégie militaire comme, par exemple, le *Bois de Boulogne* en France, et souvent pour ménager des parcs de chasse à proximité des lieux de pouvoir, exemple des Bois de Boulogne et de Vincennes de part et d'autre de Paris ; soit des boisements plantés ou artificiellement créés aux fins notamment, de jardin urbain, de lieu d'aménités ou de protection de la ressource en eau (protection de captage ou de zone d'alimentation de la nappe phréatique).

Au regard de cette catégorisation de la forêt en milieu urbain, nous serons alors tentés de définir ce concept nouveau apparu à la fin du siècle dernier au Canada. Ainsi, il parait normal et intéressant de nous référer à la définition venue du pays précurseur de cette notion. En effet, en 2000 le législateur canadien définit le concept de forêt urbaine. Il précise en ces termes : « "forêt urbaine" s'entend d'une végétation composée en grande partie d'arbres et des caractéristiques connexes que l'on trouve dans une zone urbaine. S'entend en outre des boisés, des plantations, des arbres d'ombrage, des champs à divers stades de succession, des terres marécageuses et des zones riveraines »[13].

En dehors de cette définition juridique, Jorgensen considère la forêt urbaine comme « un secteur spécialisé des sciences forestières dont l'objectif est la culture et la

---

[13] Cf. Loi de 2000 sur les forestiers professionnels, L.O. 2000, chapitre 18, par. 3, Canada.

gestion des arbres en vue d'assurer leur contribution actuelle et future au bien-être physiologique, social et économique de la société urbaine[14]. Sont inclus dans cette contribution, les bienfaits environnementaux, les activités récréatives et les plaisirs que procurent les arbres »[15]. Par ailleurs, Deneke explique que « La foresterie urbaine est la planification, la plantation, la protection, l'entretien et le soin durables des arbres, des forêts, des espaces verts et des ressources connexes dans les villes et collectivités ainsi qu'en périphérie de celles-ci pour fournir aux gens des bienfaits associés à l'économie, à l'environnement, à la société et à la santé publique. Cette définition comprend la préservation des arbres et de la couverture forestière alors que les populations s'étendent dans les zones rurales environnantes et la remise en valeur de secteurs vitaux du milieu urbain après les travaux de construction. L'expansion de l'interface entre les zones urbaines et rurales pose des inquiétudes en matière de santé et de sécurité de l'environnement et du public mais elle offre également des possibilités de former des liens éducatifs et environnementaux entre les résidents urbains et la nature. De plus, la foresterie urbaine et communautaire comprend la promotion de la participation et de l'appui des citoyens pour investir dans des programmes permanents et à long

---

[14] En effet, selon Statistique Canada, « Une région urbaine (RU) a une concentration démographique d'au moins 1 000 habitants et une densité de population d'au moins 400 habitants au kilomètre carré, d'après les chiffres de population du recensement actuel. Tout territoire situé à l'extérieur des régions urbaines est considéré comme région rurale. Ensemble, les régions urbaines et rurales représentent toute la superficie du Canada. »

[15] Jorgensen, E., "Towards an urban forestry concept", Compte rendu de la 10e Conférence forestière du Commonwealth, Ottawa, Forêts Canada, 1974.

terme de plantation, de protection et de soins des arbres »[16].

Il faut dire que les définitions relatives à la forêt urbaine sont nombreuses. Mais force est de reconnaitre qu'elles admettent toutes que la foresterie urbaine vise la gestion des arbres ainsi que de ses composantes biotiques et abiotiques connexes dans les petites collectivités et les zones interstitielles qui les séparent. Si la « foresterie » est officiellement perçue comme la production durable de produits forestiers et de services écologiques dans un milieu sauvage, la « foresterie urbaine » met l'accent sur la prestation d'une vaste gamme de services économiques, environnementaux et sociaux à la société « urbaine »[17]. Une autre définition vraisemblablement assez complète mais aussi qui convient le mieux au contexte de la plupart des pays africains de la foresterie urbaine est celle présentée par Carter, selon laquelle : « La foresterie urbaine est l'aménagement des arbres réalisé de telle manière qu'ils contribuent au bien-être physiologique, sociologique et économique de la société urbaine. Elle concerne les terres boisées et les arbres groupés ou isolés des lieux habités ; elle revêt de multiples aspects car les zones urbaines contiennent une grande variété d'habitats (rues, parcs, coins négligés, etc.) auxquels les arbres apportent leurs nombreux avantages et problèmes »[18].

---

[16] Deneke, F. "Urban Forestry in North America: Towards a Global Ecosystem Perspective", p. 4-8. Dans Blouin, G. et Comeau, R. [éditeurs]. Compte rendu de la 1re Conférence canadienne sur la forêt urbaine, du 30 mai au 2 juin 1993. Winnipeg MB, 151 p.

[17] http://www.treecanada.ca/programs/urbanforestry/cufn/resources_bmp fr.html.

[18] Carter, E. J., « L'avenir de la foresterie urbaine dans les pays en développement : un document de réflexion », Rome, Département des forêts de la FAO, 1995, 95 p.

À vrai dire entre la forêt dite classique et la forêt urbaine, le fossé n'est pas bien grand. La différence se situe sans doute au niveau de sa position géographique par rapport à l'homme, c'est-à-dire de sa proximité avec l'homme et sans doute aussi au niveau de ses fonctions ou des rôles qu'elle joue. Ainsi, la forêt urbaine est celle qui est proche de l'homme, c'est-à-dire celle qui fait partie intégrante de notre vie quotidienne. La forêt dans la ville est de plus en plus souhaitée. Elle est désormais une nécessité du fait de ses fonctions sociales qui en font un espace indispensable et complémentaire de la ville.

En tout cas, la forêt urbaine renforce indéniablement la prise de conscience de la nécessité des forêts et des espaces verts en milieu urbain ou périurbain, en vue de répondre non seulement à des besoins classiques de la forêt ordinaire, c'est-à-dire à des besoins matériels et physiques divers, mais aussi et surtout à des besoins de détentes et de loisirs. Il apparait, en clair, que la forêt urbaine consolide la fonction sociale reconnue à la forêt de manière générale. Outre cette fonction, la forêt urbaine remplit les autres grandes fonctions régaliennes propres aux forêts que sont, les fonctions économique et surtout écologique. Cette dernière faisant l'objet central de cette étude, va permettre de mettre en exergue l'impérieuse nécessité d'imposer la création ou l'institutionnalisation de la forêt urbaine dans nos villes, c'est-à-dire aux municipalités ayant la gestion des agglomérations. Il doit s'agir pour les municipalités d'une obligation qui ne peut nécessairement être satisfaite que dans la définition d'un cadre juridique bien élaboré et adapté au contexte ainsi qu'aux réalités des lieux de l'implantation de ces forêts urbaines.

Chapitre 2 : Élaboration d'un cadre juridique international de création et de protection de la forêt ou des boisés[19] en milieu urbain

Avant l'examen du dispositif juridique de protection du patrimoine forestier en milieu urbain, il semble important de relever que dans le domaine de la foresterie de manière générale, autrement dit en matière de ce qu'on peut appeler forêt primaire ou rurale, il n'existe aucun instrument juridique international dont les forêts soient le sujet central, de même qu'il n'existe pas de traité international qui aborde tous les aspects environnementaux, sociaux et économiques des écosystèmes forestiers[20]. Les raisons qui motivent cette absence juridique internationale relèvent des enjeux spécifiques que constitue le patrimoine forestier pour chaque pays qui l'abrite au mépris des enjeux environnementaux qui y sont liés et dont la destruction menace la planète entière.

Nous assistons impuissants à l'amenuisement du couvert mondial forestier dont l'aménagement durable n'est assurément plus ou pas garanti. Nous ne reviendrons pas sur ces motivations, car ce n'est pas l'objet de cette étude. Toutefois dans le cadre de la présente étude, il va s'agir d'observer si les enjeux liés au patrimoine forestier ou à l'écosystème forestier en milieu urbain diffèrent d'un pays à un autre à travers le monde comme il en est le cas pour

[19] Le dictionnaire juridique environnemental définit les boisés comme : le couvert plein de bois, de forêt pour une terre ou une zone.
[20] *Barbara M.G.S. Ruis*, « Les Conventions mondiales relatives aux forêts », Faculté de droit de l'Université de Vrije, Amsterdam (Pays-Bas), in *Unasylva* – No. 206, 2001.

la forêt primaire en milieu rural. Ceci devant alors nous permettre de savoir s'il est possible de parvenir à disposer chaque pays au monde d'un texte juridiquement contraignant aux fins de créer et de protéger la forêt en milieu urbain dans la perspective de compenser la destruction de la forêt primaire mondiale dans l'objectif de parvenir à la satisfaction de l'obligation de la protection de l'environnement qui s'impose à tous.

Avant d'examiner le cadre législatif international existant en matière de protection du patrimoine forestier urbain (II), il est nécessaire d'observer dans certains domaines du droit la prise en compte de la protection et de la préservation de la forêt ou des boisés en milieu urbain (III), d'étudier les éléments caractéristiques particuliers liés à la gestion, la protection et la préservation de l'arbre en milieu urbain (IV) et de nous rendre compte de la nécessité d'adoption d'une législation internationale de création et protection des forêts urbaines (V), il convient d'abord de faire quelques observations générales (I).

I. Observations générales

Nous avons tous dans nos villes, villages ou tout simplement dans nos lieux d'habitation, des arbres qui font partie de la vie quotidienne de tout un chacun de nous. Il s'agit d'arbres généralement qualifiés d'arbres hors forêt. Ces arbres sont le plus souvent des arbres fruitiers, arbres des champs, des haies et des parcs, arbres d'agrément et d'ornement, arbustes sauvages, bosquets. Dans certains pays comme aux États-Unis d'Amérique, ou au Canada, il y a également des forêts qui parsèment les villes. Tous ces éléments qui caractérisent le patrimoine vert que nous côtoyons chaque jour en milieu urbain selon le lieu où l'on se trouve, sont tous, depuis des millénaires, la providence des êtres humains, dispensant énergie, nourriture et boisson, remèdes et matériaux, repos et loisir. Ils sont respectés et protégés socialement et surtout juridiquement par le droit coutumier dans les sociétés traditionnelles ou par le droit moderne notamment, des législations ou réglementations. Ils doivent donc leur protection aux services directs, palpables qu'ils procurent aux populations riveraines qui bénéficient ainsi de leurs retombées directes.

Nous pouvons alors nous convaincre que pour ces raisons fondamentales, les êtres humains seraient prêts à accepter et se soumettre au cadre juridique et réglementaire destiné à la préservation des forêts ou des boisés ainsi qu'à leur protection en milieu urbain dès l'instant où ils prendront conscience de leur importance.

En Afrique et ordinairement dans les pays pauvres forestiers, la forêt demeure encore la mère nourricière. Ce qui traduit la déforestation massive à des fins de besoins quotidiens des populations pour qui ce patrimoine naturel constitue toujours la principale source de subsistance. Ce faisant, nous constatons bien souvent dans ces pays le non-respect ou la violation des législations et réglementations établies pour la protection et la sauvegarde des forêts. Alors, il n'est pas choquant de penser ou de tenter de croire de prime abord que la création de plantations de forêts en milieu urbain serait utopique ou alors difficilement réalisable au risque d'être quotidiennement et constamment soumise aux actions anthropiques. Dans les pays développés où la primauté du droit est réelle, cette crainte est moindre ou même exempte. Dès lors que dans ces pays d'une part, les populations ont des approches différentes de la forêt qui n'est plus pour elles une mère nourricière mais des lieux de loisir, de distraction et d'autre part, l'application des législations et réglementations est beaucoup plus aisée car les populations ont la crainte des sanctions auxquelles elles pourraient être exposées si elles enfreignaient aux dispositions juridiques et réglementaires établies pour la préservation de ces forêts.

Pour autant devons-nous nous abstenir de légiférer ou réglementer en matière de création, de protection et de préservation d'un patrimoine forestier en milieu urbain dans les pays en développement ? La réponse est naturellement négative du fait de l'importance vitale de plus en plus acceptée de tous dudit patrimoine pour les populations citadines. Il apparait donc, à cet égard, que l'élaboration d'un cadre juridique aux fins de créer, protéger et maintenir la forêt ou les boisés en milieu urbain, est un impératif auquel ni dans les pays développés, ni dans ceux en développement, les gestionnaires des agglomérations ne doivent se déroger. Autrement dit, les gouvernements doivent intégrer la création des forêts dans leurs politiques de développement et surtout de gestion de la ville.

La forêt urbaine devient désormais comme une nécessité tant au plan de la vie dans les cités que dans la préservation de l'environnement principalement en matière de lutte contre la pollution atmosphérique et le réchauffement climatique. La nécessité de protéger l'arbre et la forêt dans la ville s'impose alors aux gestionnaires de nos villes. Pour ce faire, il importe de mettre en place des dispositifs juridiques, lois et règlements, pour régir les arbres et les forêts en milieu urbain.

II. Dispositifs juridiques en matière de foresterie urbaine

Nous allons avant tout porter une attention sur le contour et le cadre général des dispositions juridiques relatives au patrimoine forestier en milieu urbain. Le droit qui est généralement consacré à l'arbre dans le but de le protéger fera, par la suite, l'objet d'étude. Enfin, nous examinerons les textes juridiques qui concourent à la protection de l'arbre et à sa sauvegarde dans nos cités.

2.1. Contour et cadre général des dispositions juridiques du patrimoine forestier urbain

La plupart des pays disposent d'une législation forestière qui règlemente les forêts soumises généralement au régime forestier et peut dans bien des cas s'appliquer sur tout espace qui a vocation à devenir forêt. Dans ces cas, c'est l'administration forestière qui a compétence pour agir sur le patrimoine forestier du pays. Bien souvent, il se pose le problème des zones boisées non répertoriées comme des forêts. C'est le cas des zones boisées en milieu urbain. Car il convient de rappeler que de façon générale, les forêts sont considérées par les législations en la matière, comme des domaines d'État réservés où la plupart des usages sont prohibés. Il se pose alors le problème de la compétence des espaces boisés en milieu urbain. La législation forestière doit-elle avoir compétence en matière de boisement urbain ou alors cette compétence doit-elle revenir à la législation urbaine ? Si la législation urbaine doit régir les zones boisées sur le territoire urbain, il y a forcément un risque probable de chevauchement qui pourrait entrainer des conflits de compétence entre l'administration forestière et les autorités urbaines. Face à un tel risque probable, serait-il donc adéquat de définir une législation spécifique sur la forêt en milieu urbain et périurbain ? Ou tout simplement soumettre toute compétence à la législation forestière qui doit dans ce cas déléguer certains pouvoirs de compétence à la municipalité ou aux gestionnaires des villes ? Cette dernière hypothèse semble plus plausible dans la mesure où, dans certains pays, pour assouplir le principe d'exclusion ou d'interdiction des usages dans le domaine forestier, le législateur se démarque en transférant des droits aux usagers[21]. Dans ce cas, le problème de compétence en matière de protection juridique des forêts et des produits forestiers en milieu urbain, ne se posera pas ou le sera certainement mais dans une moindre mesure. Ainsi, la législation nationale doit comporter des dispositions relatives à la gestion des forêts urbaines. C'est-à-dire que les autorités qui gèrent les villes, peuvent prendre des mesures pour gérer et protéger les forêts sur leur territoire de compétence. En clair, les gestionnaires municipaux peuvent disposer de pouvoir discrétionnaire en matière de gestion du patrimoine forestier conformément au dispositif national établi.

L'objectif de la législation forestière est de sauver et maintenir les plantes des zones forestières urbaines au profit des résidents actuels de la ville et des générations futures. Aussi le but de la loi est d'établir, premièrement, des procédures, normes et exigences pour minimiser la perte de l'arbre à la suite du développement, et pour protéger les arbres et les forêts pendant et après la construction ou autres activités terrestres ; deuxièmement, des procédures, des normes et exigences en matière de boisement et de reboisement des terres, l'objet d'une demande d'approbation de développement ou d'un permis

[21] Cf. Kinara, 1993, cité par FAO, 1996c, comme au Zimbabwe (FAO, 1996c), comme en Gambie, législation forestière, 1998.

de contrôle des sédiments ; troisièmement, un fonds pour les futurs projets de conservation des arbres, y compris le boisement et le reboisement et enfin, quatrièmement, de fournir une approche ciblée et coordonnée des activités de conservation de la forêt sur un territoire donné[22].

La mise en place d'un cadre législatif en matière de foresterie urbaine doit répondre à une triple préoccupation : d'une part, la volonté d'associer les citadins à l'importance accordée à la création des surfaces forestières y compris tous les produits, autres que ligneux[23], qu'elles peuvent comporter dans leur milieu de vie quotidienne. D'autre part, la prise en compte du contexte général dans lequel le dispositif législatif doit évoluer notamment, par rapport à la loi forestière existante dans le pays concerné et enfin, l'intégration des problèmes de développement des agglomérations et les préoccupations environnementales et sociales.

En somme chacun peut, selon ses compétences, prendre les mesures nécessaires à la protection des arbres existants ou à planter pour en assurer la durabilité. Les collectivités publiques, comme les organismes privés, les citoyens et les associations, pourront rendre plus concret leur intérêt pour l'arbre, véritable symbole de développement durable[24].

---

[22] Cf. dispositif juridique et réglementaire des programmes de développement dans le Comté de Montgomery dans l'État de Maryland aux USA.

[23] Ainsi, par exemple, nous observons dans les États de Washington DC, Maryland ou Virginie, la présence massive d'animaux sauvages, de rivières avec leur lot de poissons et autres produits non ligneux inimaginables dont la chasse est bien entendu formellement interdite.

[24] Cf. Anne Diraison, *Les droits de l'arbre, aide-mémoire des textes juridiques*, France, 2003.

Si la loi en matière de forêt urbaine ne peut pas être fondamentalement différente de la législation sur les forêts naturelles, il doit toutefois avoir des points de divergences du fait de leur proximité avec les êtres humains. Ainsi, par exemple, le droit d'usage ne peut pas être le même dans les deux types de forêts. Pour son efficacité et l'effectivité de son application, la législation forestière en milieu urbain doit principalement traiter des questions portant notamment sur le droit des arbres, d'usage et de passage.

2.2. Protection juridique de l'arbre : Droit de l'arbre

Autant la nécessité de protéger les forêts et les autres espaces naturels fait aujourd'hui l'objet d'un consensus certain, autant la nécessité de protéger l'arbre bénéficie du même consensus. À cet égard, il apparait intéressant de se pencher sur la manière dont l'arbre est pris en compte par le droit.

L'arbre constitue un élément fondamental de la forêt. Il est ordinairement considéré comme élément de paysage ou individu isolé. C'est, à lui tout seul, un patrimoine à part entière à protéger. L'arbre apparait comme un être vivant. Il est donc un sujet délicat qui nécessite une approche juridique attentive. Il a besoin, à chaque instant de sa vie, de soins. C'est-à-dire qu'il importe de le placer sous protection.

Pour autant, l'arbre, bien qu'admis comme un individu végétal, objet naturel très particulier, ne peut devenir un sujet de droit, comme il fut indiqué aux USA en 1972 par le juge Douglas à propos de l'interdiction de l'aménagement de la forêt multiséculaire des séquoias par

Disneyland[25]. Néanmoins, la protection de l'arbre doit donc nécessairement passer par des dispositions juridiques. En clair, il est important, non seulement d'user de meilleures techniques pour préserver et protéger l'arbre mais aussi et surtout d'élaborer des dispositions législatives et réglementaires fiables et adéquates pour le respect et un bon accroissement de ce patrimoine commun que constitue l'arbre. Le droit de l'arbre est donc un moyen juridique pour protéger l'arbre.

En droit, l'arbre est un immeuble, ce qui lui confère un statut particulier. L'arbre est un élément de paysage, à ce titre les dispositions juridiques qui peuvent participer à sa protection sont nombreuses. Ces dernières années avec le développement du droit de l'environnement, nous assistons à un renforcement des dispositions paysagères dans les systèmes juridiques. Ainsi, l'arbre bénéficie de protection dans les domaines, entre autres, de droit de l'urbanisme, de droit rural, de droit du patrimoine, de droit de l'environnement et même de droit civil. Dans certains pays comme la France, la loi « paysages » a en particulier permis de créer une dynamique dont l'arbre est très certainement bénéficiaire. Avant d'examiner quelques textes qui régissent directement ou indirectement les arbres en milieu urbain, il importe de souligner les

---

[25] SIERRA CLUB c. Morton/405 727. Cour Suprême des USA, 19 avril 1972. La Cour refuse que les arbres puissent « se tenir debout devant la Cour » donc plaider pour eux-mêmes par la voix de leurs défenseurs humains et cela contre l'opinion dissidente du Juge W. O. Douglas. Le droit américain à l'époque n'ouvrait pas facilement l'intérêt à agir des associations d'environnement et cette position de Douglas visait à contrer cet inconvénient. Douglas (1898-1980) fut aussi un militant de la défense de l'environnement et un des soutiens de la « deep ecology » aux USA (in « L'arbre de l'objet naturel à l'objet juridique ». Colloque régional de l'arbre 22/11/2011, Hillion P. Le Louarn, Université de Rennes II, France).

éléments caractéristiques juridiques de l'arbre dans un tel milieu.

L'étude des éléments caractéristiques juridiques de l'arbre nous montre que l'arbre est un élément important des forêts et particulièrement des paysages en milieu urbain. À cet effet, c'est à juste titre qu'il doit faire l'objet d'une attention particulière. Autrement dit, l'arbre a nécessairement besoin d'une protection particulière si nous voulons que la forêt urbaine garde toute sa plénitude d'existence ou que le paysage offre une vue esthétique saisissante. La protection des arbres doit permettre de condamner à des peines punitives, notamment financières ou amendes, toute personne qui détruit ou endommage, totalement ou partiellement, un arbre, arbuste ou arbrisseau, ou un taillis, sans avoir obtenu préalablement le consentement du propriétaire ou de la structure étatique qui a la gestion de la forêt où se trouve l'arbre endommagé. En clair, tout acte destiné à détruire un arbre doit préalablement faire l'objet d'une autorisation.

Octroyer un droit à l'arbre, c'est permettre sa conservation. À cet égard, il importe de mettre en place une législation relative à l'arbre. Une telle loi doit alors contraindre les personnes, propriétaires ou non qui veulent couper ou tailler un arbre en bordure de route ou dans leur voisinage pour une raison quelconque, à obtenir un permis de l'arbre auprès de l'administration en charge de la protection du patrimoine forestier.

La loi relative à l'arbre doit permettre sa protection de manière efficiente en lui offrant des droits qui doivent s'imposer aux individus et surtout à son propriétaire. Ainsi ce dernier, ou de façon plus large, le propriétaire d'une plantation de forêt où se trouvent des arbres, ne doit pas penser avoir tout droit sur ses arbres. En effet, il doit être exigé au propriétaire une autorisation ou un permis, s'il veut couper un ou des arbres dans sa propriété. Une telle disposition juridique, comme il en existe dans certaines législations en Occident notamment aux États-Unis d'Amérique, au Canada et en France ou ailleurs, favorise la préservation des arbres dans les propriétés privées[26].

En effet en matière de coupe des arbres hors forêt, généralement, la difficulté réside dans les arbres qui se trouvent dans des propriétés privées où les propriétaires des espaces où se trouvent les arbres pensent ou peuvent croire qu'ils ont tout droit sur ces essences donc ils peuvent les abattre ou les détruire à leur guise. En dotant l'arbre de droits, il est désormais sous protection de toute action anthropique. Pour ce qui est des arbres en bordure de route communément appelés, arbres routiers, et qui sont dans des propriétés publiques ou domaines publics, leur coupe ou élagage pour une raison quelconque doit faire l'objet d'obtention d'un permis. Celui-ci doit être délivré par l'administration de l'État en charge de la gestion des forêts.

Les dispositions juridiques de protection de l'arbre doivent exiger au titulaire de permis à remplacer l'arbre qu'il enlève par un autre arbre près du site où était l'arbre enlevé. À défaut de planter un autre arbre par le titulaire du permis qui coupe l'arbre, ce dernier doit alors payer une somme appropriée dans un fonds dédié au remplacement des arbres. Cette somme permettra donc de financer le remplacement de l'arbre que se chargera de faire l'administration compétente. Une telle disposition

[26] Cf. Berliner and Elrich, "Streets and Roads, Roadside trees protection revised: 7-23-2013, effective March 1, 2014", County council for Montgomery County, Maryland, USA.

juridique se retrouve en matière de reboisement où celui qui coupe l'arbre doit le remplacer par un ou deux arbres de même nature ou alors payer une amende auprès de l'administration qui gère la forêt aux fins de procéder au remplacement de l'arbre détruit[27].

2.3. Textes juridiques concourant à la protection de l'arbre en milieu urbain

L'arbre étant un élément de paysage, il parait évident que soient nombreuses les dispositions juridiques qui participent à sa protection. Ainsi, il n'existe pas une loi spécifique en matière de protection de l'arbre en milieu urbain. En effet, plusieurs textes dans divers domaines concourent à la protection de l'arbre en ville. Avant d'examiner ces différents textes, il importe de préciser le cadre général dans lequel s'inscrivent les dispositions juridiques de protection de l'arbre.

À cet effet, il faut dire que la protection de l'arbre impose un travail de fond qui doit être mené avec précaution et attention. Il se prépare, se vit et se défend[28]. Pour cela, s'il doit être bien fait, et réussir, ce travail doit nécessairement organiser la protection de l'arbre, intégrer sa protection dans les décisions de gestion et d'aménagement de l'espace, et défendre l'arbre quand il est menacé. Il s'agit de trois étapes qu'il importe d'observer : organisation de la protection de l'arbre ; intégration de la protection de l'arbre dans les décisions de gestion et d'aménagement de l'espace ; et défense de l'arbre lorsqu'il est menacé. À

[27] De nombreuses législations relatives à la forêt dans la plupart des pays pauvres forestiers notamment, la Côte d'Ivoire, contiennent cette disposition mais malheureusement elle demeure inappliquée.
[28] Cf. A. Diraison, *op. cit.*, p. 3.

quoi consistent ces différentes étapes ? D'abord, il faut dire que :

– L'Organisation de la protection de l'arbre implique que la protection de l'arbre consiste avant tout à bien le connaitre et à organiser des mesures de protection adaptées à sa vie, à sa gestion et à son inscription dans les politiques d'aménagement. L'organisation de la protection de l'arbre, c'est aussi savoir pourquoi on protège et comment le faire. Cette étape parait importante dans la mesure où elle conditionne les deux autres étapes suivantes, c'est-à-dire :

– L'Intégration de la protection de l'arbre dans les décisions de gestion et d'aménagement de l'espace qui signifie que la protection de l'arbre consiste à savoir prendre des dispositions adaptées en matière de gestion ou d'aménagement de l'espace. C'est également savoir prendre des mesures de conservation. Quant à la dernière étape, c'est-à-dire :

– La Défense de l'arbre en cas de menace, elle consiste à avoir une bonne réaction face à toute menace contre l'arbre. En négligeant les étapes précédentes, c'est l'efficacité même des réactions possibles en cas de péril qui s'amenuise.

Les dispositions juridiques de protection de l'arbre, si elles doivent être efficaces, ne peuvent se permettre de déroger à ces étapes. Ainsi, toute politique efficace de protection de l'arbre doit être menée en combinant et maniant absolument les règlementations disponibles et appropriées.

Force est d'admettre qu'au-delà de l'arsenal juridique, la volonté politique demeure l'élément indispensable. En effet, en l'absence de volonté politique pour veiller à la mise en œuvre ou à l'utilisation des dispositions juridiques adaptées, l'arbre ne peut être protégé comme il se doit et il finira par disparaitre.

III. Protection et préservation de la forêt ou des boisés en milieu urbain en droit

L'arbre urbain est régi par une série de textes dans la plupart des pays où il se trouve. En effet pour une question d'efficacité, la protection juridique de l'arbre en milieu urbain nécessite le concours de plusieurs textes à caractère sectoriel, c'est-à-dire des textes ou des lois dans différents domaines. Ainsi, par exemple, au Canada, l'arbre en milieu urbain est régi par les lois sur l'aménagement et l'urbanisme, sur les compétences municipales et la Charte de la ville de Québec et également par la loi sur l'exercice de certaines compétences municipales dans certaines agglomérations qui effectuent un partage des compétences au sein de l'agglomération de Québec, dont certaines concernent indirectement l'arbre urbain[29]. En France, de nombreux textes juridiques participent valablement à la protection de l'arbre. Il s'agit par exemple des droits du patrimoine et de l'environnement. Il en est de même des textes relatifs aux obligations et responsabilités des personnes privées, aux obligations et responsabilités des personnes publiques, aux réseaux aériens et souterrains, aux réseaux routiers, aux lotissements (copropriété et bail), aux documents contractuels

[29] Cf. Loi sur l'aménagement et l'urbanisme, Québec, Canada, (L.R.Q.), c. E-20.001.

(Chartre, plans, contrats), aux instruments de connaissance, à l'aménagement foncier et aux adresses (ouvrages)[30].

Le Code civil, dans de nombreux pays, n'est pas du reste, en effet il s'applique aussi aux arbres. C'est le cas en France où les articles 670 à 673 du Code civil traitent les questions en la matière. Il en est de même au Canada et précisément au Québec où le Code civil (L.R.Q., c. C-1991) s'applique aux arbres de l'ensemble du territoire québécois.

Examinons, pour mieux nous en rendre compte, les secteurs dans lesquels le droit concourt à la protection de l'arbre en milieu urbain.

3.1. Droit de l'urbanisme et de l'aménagement

Dans les domaines de l'urbanisme et de l'aménagement, la loi définit des règles ou sinon des dispositions environnementales dont l'arbre est certainement l'un des bénéficiaires. Ainsi en matière de droit de l'urbanisme, c'est-à-dire les textes réglementaires qui régissent l'organisation de l'espace, fixent les règles d'utilisation et d'occupation des sols. Nombreuses sont les dispositions qui participent le plus efficacement à la protection de l'arbre ou à sa préservation. Ainsi au Brésil, le code municipal de Curitiba indique que la coupe des arbres en zone urbaine requiert la permission du Secrétariat à l'environnement et que l'autorisation est soumise à

[30] Cf. A. Diraison, *op. cit.*

remplacement : deux arbres doivent être plantés ou donnés à la ville[31].

Généralement, la loi sur l'urbanisme et l'aménagement définit pour les municipalités des règles relatives à la protection ou à la préservation de l'arbre. Elle leur confère à cet égard des pouvoirs de règlementation à travers lesquels ladite loi a un impact sur la gestion de l'arbre urbain. Ainsi, par exemple, au Québec, la loi sur l'aménagement et l'urbanisme stipule qu'une municipalité peut adopter un règlement de zonage pour une partie ou pour l'ensemble de son territoire. Toutefois, ce règlement peut contenir des dispositions portant sur un ou plusieurs objets, dont la plantation et l'abattage d'arbres[32]. Il est précisé que la municipalité peut régir ou restreindre, par zone, l'excavation du sol, le déplacement d'humus, la plantation et l'abattage d'arbres et tous travaux de déblai ou de remblai et elle peut obliger tout propriétaire à garnir son terrain de gazon, d'arbustes ou d'arbres[33]. Par ailleurs, elle peut aussi régir ou restreindre la plantation ou l'abattage d'arbres afin d'assurer la protection du couvert forestier et de favoriser l'aménagement durable de la forêt privée[34].

En France, dans le domaine de l'urbanisme et de l'aménagement, il y a tout un ensemble de dispositions juridiques destiné à la protection de l'arbre. Sans être exhaustif, nous avons par exemple :

---

[31] Cf. Spathelf, 2000, *in* FAO, « Les arbres hors forêts – vers une meilleure prise en compte », Cahier FAO, Conservation 35, 2001.

[32] Cf. Loi sur l'aménagement et l'urbanisme (L.R.Q., c. A-19.1), article 113.

[33] Paragraphe 12, art. 113, loi sur l'aménagement et l'urbanisme (L.R.Q., c. A-19.1.).

[34] Paragraphe 12.1, *idem*.

– Les plans locaux d'urbanisme (PLU) qui fixent les règles générales et les servitudes d'utilisation du sol. Il s'agit d'une synthèse de normes supra communales. Le PLU est un document de planification à l'échelle communale ou intercommunale. Il détermine les règles générales et les servitudes d'utilisation du sol. Il favorise la prise en compte efficiente de la protection de l'arbre, quel que soit le milieu naturel, rural ou urbain. C'est un véritable document de terrain qui permet une prise en compte de la protection de l'arbre que ce soit en milieu naturel, rural ou urbain. L'élaboration du PLU est donc le lieu d'affirmer la prise en compte du patrimoine arboré de la commune. Ainsi, des mesures de protection de l'arbre et le régime particulier des espaces boisés classés s'inscrivent dans ledit document. Le non-respect des prescriptions du PLU fait l'objet d'une incrimination conformément à l'article L. 160-1 du code de l'urbanisme français qui renvoie aux articles L. 480-1 à L. 480-9 pour les sanctions applicables et les modalités de mise en œuvre.

– La loi Solidarité et renouvellement urbains (SRU) du 13 décembre 2000 a permis l'élaboration d'un Projet d'Aménagement et Développement Durable (PADD)[35]. Celui-ci inscrit des obligations qui précisent « [...] les orientations d'urbanisme et d'aménagement retenues par la commune, notamment en vue de favoriser le renouvellement urbain et de préserver la qualité architecturale et l'environnement »[36]. Ces motivations permettent d'intégrer des préoccupations environnementales au sein desquelles l'arbre trouve indubitablement sa place sans difficulté. Le code de l'urbanisme permet au PADD d'inscrire des : « mesures

[35] Cf. « Le projet d'aménagement et de développement durable du PLU », CERTU, 2002.

[36] Art. R. 123-3 du code de l'urbanisme.

de nature à assurer la protection des paysages »[37]. Ce qui peut alors permettre d'édicter des prescriptions en faveur de la protection du patrimoine arboré.

– Le régime de la protection des espaces boisés classés (EBC), est loin sans faute efficace. Les arbres isolés, les plantations d'alignement, les haies ou réseaux de haies soumis à ce régime bénéficient pleinement et efficacement de cette protection. Lorsqu'un espace est soumis à ce régime, c'est-à-dire lorsqu'il est déclaré espace boisé classé, deux obligations fondamentales s'imposent : d'une part, la pérennisation de la destination boisée (ou à être boisée) et d'autre part, l'encadrement administratif des coupes et abattages. Pour la pérennité de la destination boisée, « Le classement interdit tout changement d'affectation ou tout mode d'occupation du sol de nature à compromettre la conservation, la protection ou la création des boisements »[38]. Pour ce qui est de l'encadrement administratif des coupes et abattages, le classement en espace boisé classé soumet toute coupe ou abattage à une obligation d'autorisation de coupe ou d'abattage. Cette disposition concerne tous les arbres susceptibles d'être classés sur le territoire d'une commune et ceci dès qu'un PLU est prescrit. Il s'agit d'une prescription préventive. Par ailleurs, ladite autorisation peut être subordonnée à des prescriptions spéciales concernant notamment la technique de gestion, le respect de certains peuplements ou l'obligation de procéder à des reboisements ou à des plantations de remplacement[39].

– Les autorisations d'occupation et d'utilisation du sol. Elles entrent par essence dans le champ d'application du droit de l'urbanisme. Certaines dispositions de ces

---

[37] Art. R. 123-3 6° du code de l'urbanisme.
[38] Art. L. 130-1 al. 2 du code de l'urbanisme.
[39] Art. L. 130-1 du code de l'urbanisme.

autorisations contribuent efficacement à la protection de l'arbre. Par exemple, en matière de permis de construire, l'autorisation d'occupation du sol est délivrée en respect des prescriptions édictées par le PLU. Une demande de permis de construire comporte nécessairement un volet paysage qui exige des pièces où le projet architectural doit préciser par « des documents graphiques ou photographies l'insertion dans l'environnement et l'impact visuel des bâtiments ainsi que le traitement de leurs accès et de leurs abords »[40]. Ainsi en vertu de l'article R. 421-2 du code de l'urbanisme, « lorsque le projet comporte la plantation d'arbres de haute tige, les documents graphiques devront faire apparaître la situation à l'achèvement des travaux et la situation à long terme ». Par ailleurs pour ce qui est du permis de démolir, le code de l'urbanisme stipule : « le permis de démolir peut être refusé ou n'être accordé que sous réserve de l'observation de prescriptions spéciales si les travaux envisagés sont de nature à compromettre la protection ou la mise en valeur des quartiers, des monuments et des sites »[41]. Cette disposition sous-entend à bien des égards la protection des arbres.

– Les espaces naturels sensibles et la loi « littoral » : Dans le cadre des espaces naturels sensibles, afin de préserver la qualité des sites, en l'absence de PLU opposable, conformément à l'article L. 42 du code de l'urbanisme, les autorités locales, notamment le Président du Conseil général, par arrêté, peut, sur proposition du Conseil général, après délibérations des communes concernées, déterminer des « bois, forêts, parcs, qu'ils soient ou non soumis au régime forestier, enclos ou non… » et auxquels est applicable le régime EBC de l'article L. 130-1 dudit code. L'intérêt d'un tel classement est de les soumettre

[40] Art. L. 421-2 al. 5 du code de l'urbanisme.
[41] Art. L. 430-5 al. 2 du code de l'urbanisme.

aux mêmes servitudes que les espaces boisés classés par un PLU. Autrement dit, de les soumettre à un régime d'autorisation préalable pour coupe et abattage. Relativement à la loi « littoral », il convient de dire que ce texte comporte des motivations paysagères. À cet égard, le code de l'urbanisme statue sur le patrimoine arboré des communes littorales. Il est alors précisé que : « Le plan local d'urbanisme doit classer en espaces boisés, au titre de l'article L. 130-1 du présent code, les parcs et ensembles boisés existants les plus significatifs de la commune ou du groupement de communes, après consultation de la commission départementale des sites »[42]. Il s'agit d'une obligation de classer les parcs et ensembles boisés les plus significatifs et seulement ceux-là. L'appréciation du choix est laissée à la commune qui doit consulter la commission des sites.

3.2. Droit de l'environnement

L'arbre, composante essentielle de la forêt qui, elle-même, constitue un aspect fondamental de l'environnement, fait donc partie intégrante de l'environnement. Il n'est dès lors pas surprenant que de nombreux outils relatifs à la protection de l'environnement participent à la protection de l'arbre. Nous devons alors comprendre que toute atteinte à l'arbre signifierait une atteinte à l'environnement.

En droit français de l'environnement, l'étude préalable à la mise en œuvre de programmes ou de plans et à la réalisation d'équipements ordinairement appelée Étude d'Impact sur l'Environnement (EIE) ou Étude

[42] Art. L. 146-6 in fine du code de l'urbanisme.

d'Incidences sur l'Environnement (EIE) qui permet d'estimer les effets probables de ceux-ci sur l'environnement, reconnait l'arbre comme un élément qui doit être pris en considération. Définie par la loi du 10 juillet 1976, l'étude d'impact[43] vise en effet à indiquer les effets prévisibles d'une installation ou d'un projet sur son environnement et les mesures à prendre pour supprimer, limiter ou compenser, voire atténuer ces effets. Dans un arrêt du Conseil d'État, le caractère prépondérant de l'arbre dans la réalisation d'une étude d'impact qui est jugée insuffisante « parce qu'elle ne permet pas de déterminer avec précision les effets [...] sur l'environnement et notamment sur les arbres »[44]. Cette loi concerne tous les arbres où qu'ils se trouvent, autrement dit, elle doit donc s'appliquer aux arbres plantés en milieu urbain. Par ailleurs, le code de l'environnement, en son article 581-4 interdit toute publicité sur les arbres en milieu urbain. C'est-à-dire il est formellement interdit d'afficher ou de coller sur un arbre un spot ou panneau publicitaire au risque de nuire à l'arbre. Il s'agit incontestablement d'une volonté manifeste du législateur de protéger les arbres contre toute action anthropique pouvant nuire à la croissance des arbres ou les détruire. Tout manquement à cette disposition juridique est passible de sanctions prévues à l'article L. 581-26 du code de l'environnement.

---

[43] Art. L. 122-2 et s. et 122 2e partie du code de l'environnement. Voir décret d'application : décret n° 77/1133 du 21 septembre 1977, modifié par décret du 9 juin 1994, pour l'application de la loi du 19 juillet 1976.

[44] CE, 4 mai 1988, Sauveur Cordoso.

3.3. Autres domaines juridiques de protection de la forêt et des boisés en milieu urbain

Pour une protection et une préservation efficace de l'arbre en milieu urbain, il faut se convaincre que le corpus juridique est, à juste titre, abondant du fait que les pressions probables sur l'arbre sont diverses. Le législateur l'a bien compris tout comme les gouvernants des pays où les forêts urbaines sont consacrées. En effet dans ces pays, les dispositifs juridiques de protection de l'arbre sont nombreux, dispersés et se retrouvent dans plusieurs domaines. Il y a donc une transversalité de ces dispositifs, ce qui vaut à l'arbre une meilleure protection. Pour nous en rendre compte, il convient d'examiner ce qu'il en est dans certains pays comme le Canada et la France.

3.3.1. Au Canada

Dans ce pays, et précisément au Québec, la loi, RLRQ c P-37[45], relative à la protection des arbres, stipule clairement que : « toute personne ou toute personne morale constituée au Québec ou ailleurs par une autorité quelconque, qui détruit ou endommage, totalement ou partiellement, un arbre, arbuste ou arbrisseau, ou un taillis, en quelque endroit autre qu'une forêt sous la gestion du ministre des Ressources naturelles et de la Faune, sans en avoir obtenu, sur requête à cet effet notifiée aux intéressés, l'autorisation du ministre du Développement durable, de l'Environnement et des Parcs, à moins qu'un consentement n'ait été préalablement donné par le propriétaire de tels arbre, arbuste, arbrisseau ou taillis, est

---

[45] RLRQ, entendons, Recueil des Lois et des Règlements du Québec (RLRQ) en lieu et place des Lois et Règlements du Québec (L.R.Q.).

tenue de payer au propriétaire de tels arbre, arbuste, arbrisseau ou taillis, en sus des dommages réels, des dommages-intérêts punitifs d'un montant n'excédant pas 200 $ pour chaque arbre, arbuste, arbrisseau ou taillis ainsi détruit ou endommagé, totalement ou partiellement »[46]. Il apparait donc aux termes de cette loi que le législateur prévoit la protection des arbres au-delà des forêts, c'est-à-dire des arbres en ville. Cette disposition législative peut engendrer des conséquences graves pour la personne qui coupe des arbres sur la propriété d'autrui sans permission. En plus des dommages réels, la personne fautive peut être condamnée par le tribunal à payer des dommages-intérêts punitifs. Ces derniers ont pour objet de punir la personne fautive et de servir à dissuader d'autres personnes d'adopter un comportement semblable. Le législateur québécois se réserve néanmoins de soumettre les services d'utilité publique à ce dispositif juridique. En effet, cet article ne s'applique pas aux cas où tels arbres ou arbustes viennent accidentellement en contact avec les fils ou appareils d'une utilité publique de manière à mettre la vie ou la propriété en danger ou à interrompre le service[47]. Le Code civil (L.Q., 1980, c. 39) du Québec souligne son intérêt pour l'arbre dans ses articles 984 et 985. Ceux-ci portent sur les règles particulières aux arbres sur la propriété immobilière. En vertu de l'article 984, les fruits qui tombent d'un arbre sur un fonds voisin appartiennent au propriétaire de l'arbre[48]. L'article 985 relatif aux branches et aux racines des arbres, indique qu'un propriétaire peut, si des branches ou des racines venant du fonds voisin s'avancent sur son fonds et nuisent sérieusement à son usage, demander à son voisin de les

[46] Cf. RLRQ c P-37, al. 1.
[47] Ce dispositif voudrait également éviter les cas tombant sous le coup de l'article 985 du Code civil du Québec.
[48] Cf. RLRQ c CCQ, 1991, art. 984, Code civil du Québec.

couper ; en cas de refus, il peut le contraindre à les couper. Il peut aussi, si un arbre du fonds voisin menace de tomber sur son fonds, contraindre son voisin à abattre l'arbre ou à le redresser[49].

3.3.2. En France

Les sources juridiques en matière de protection de l'arbre en milieu urbain sont également diverses. En effet, au-delà des textes dans les domaines classiques de protection de l'environnement notamment le droit de l'environnement et celui de l'urbanisme et de l'aménagement susvisés, il y a de nombreux autres textes dans la gestion des cités qui concourent efficacement à la préservation des arbres en ville. Sans être exhaustif, force est de constater qu'en droit privé, le Code civil et divers autres textes dans divers domaines contiennent des dispositions de protection des arbres en milieu urbain. Il convient d'examiner brièvement comment le Code civil opère cette protection avant de voir comment ces arbres sont également protégés par d'autres textes dans divers domaines en France.

Les articles 670 à 673 du Code civil constituent la base juridique en matière de protection de l'arbre urbain en France. L'article 670 traite le cas particulier de l'arbre mitoyen. Il précise en effet que chaque propriétaire a le droit d'exiger l'arrachage de l'arbre. Les cas de mitoyenneté ou de plantations à des distances autres que celles imposées par les règlements particuliers en vigueur doivent faire l'objet d'une convention écrite bipartite. Aux termes de l'article 671, il est stipulé qu'à défaut de règlements et usages, il est permis d'avoir des arbres à la

---

[49] Cf. RLRQ c CCQ-1991, art. 985, *idem*.

distance de deux mètres de la ligne séparative des deux héritages pour les plantations dont la hauteur dépasse deux mètres, et à la distance d'un demi-mètre pour les autres plantations. Les arbres, arbustes et arbrisseaux de toute espèce peuvent être plantés en espaliers, de chaque côté du mur séparatif, sans que l'on soit tenu d'observer aucune distance, mais ils ne pourront dépasser la crête du mur. Si le mur n'est pas mitoyen, le propriétaire seul a le droit d'y appuyer les espaliers. L'article 672 précise quant à lui que « Le voisin peut exiger que les arbres, arbrisseaux et arbustes, plantés à une distance moindre que la distance légale, soient arrachés ou réduits à la hauteur déterminée dans l'article précédent, à moins qu'il n'y ait titre, destination du père de famille ou prescription trentenaire. Si les arbres meurent, ou s'ils sont coupés ou arrachés, ils ne peuvent être remplacés qu'en observant les distances légales »[50]. L'alinéa 2 dudit article précise même que : « Si les arbres meurent ou s'ils sont coupés ou arrachés, le voisin ne peut les remplacer qu'en observant les distances légales »[51].

L'article 673, relatif aux droits et aux obligations en matière d'élagage, stipule par ailleurs que « Celui sur la propriété duquel avancent les branches des arbres, arbustes et arbrisseaux du voisin peut contraindre celui-ci à les couper. Les fruits tombés naturellement de ces branches lui appartiennent. Si ce sont les racines, ronces ou brindilles qui avancent sur son héritage, il a le droit de les couper lui-même à la limite de la ligne séparative. Le droit de couper les racines, ronces et brindilles ou de faire couper les branches des arbres, arbustes ou arbrisseaux est imprescriptible »[52].

---

[50] Cf. art. 672 du Code civil français.
[51] *Idem.*
[52] Cf. art. 673.

Il apparait aux termes de cet article que les plantations peuvent créer des troubles anormaux au voisinage. À cet effet, les voisins qui sont victimes de tels troubles sont en droit d'exiger de les faire cesser et de plus, demander des indemnisations pour les préjudices subis, même dans le cas où vous auriez respecté les distances de plantation. On peut éventuellement citer comme troubles anormaux ou excessifs :

– Les racines d'arbres qui détériorent les revêtements de sol du voisin, son chemin d'accès.

– Les feuilles qui provoquent des nuisances : gouttières, canalisations bouchées.

– Les pertes continues d'ensoleillement tout au long de l'année causées par des arbres persistants.

Il faut souligner que tout arbre qui cause des troubles anormaux, ou pour des raisons de sécurité, peut être abattu. Toutefois, son abattage nécessite une autorisation qui relève du commissaire de la République. Ce dernier doit, au préalable, recueillir tous les avis utiles. Lors de l'élaboration d'un tracé routier, l'arbre doit être pris en compte.

Toujours en France, il y a de nombreux autres dispositifs juridiques qui concourent à la protection de l'arbre urbain. Pour en citer quelques-uns, nous évoquerons : la loi sur les monuments historiques de 1913 qui protège certains parcs historiques comme, par exemple, le parc du château de Merville. Conformément à cette loi, tout abattage d'arbres est soumis aux autorisations prévues par ladite loi. Un périmètre de protection est défini dans un rayon de 500 mètres autour d'un monument historique. Dans cette zone, l'abattage d'arbres est soumis à l'avis conforme de l'Architecte des Bâtiments de France ou du Préfet. La loi du 2 mai 1930 sur les monuments naturels et les sites[53] dont l'objectif est avant tout de conserver les caractéristiques du site, l'esprit des lieux, et de les préserver de toutes atteintes graves, prévoit deux niveaux de protection : l'inscription et le classement. Ainsi, l'inscription à l'inventaire des monuments naturels et des sites implique que tous travaux autres que ceux d'exploitation courante, doivent être soumis à l'Architecte des Bâtiments de France quatre mois avant leur démarrage. Le classement des monuments naturels et des sites implique qu'ils ne peuvent être ni modifiés, ni détruits dans leur état ou dans leur aspect, sauf autorisation ministérielle spéciale. Une autre loi du 7 janvier 1983 sur la zone de protection du patrimoine architectural et urbain (ZPPAU)[54], permet aux communes d'avoir un autre système de protection du patrimoine historique et esthétique. En vertu de cette loi, dans le périmètre d'une ZPPAU, les travaux de déboisement sont soumis à autorisation spéciale du maire, s'il existe toutefois un Plan d'occupation du sol (POS), ou du préfet. Tous les travaux doivent être conformes au règlement.

---

[53] C'est la loi du 21 avril 1906 qui est à l'origine d'une grande partie du droit de la protection de l'environnement en France. Mais aujourd'hui, nous faisons plus souvent référence à la loi du 2 mai 1930 (*J.O.* du 4 mai 1930) qui lui a donné sa forme définitive. Cette loi s'intéresse plus particulièrement aux monuments naturels et aux sites dont la conservation ou la préservation présente, au point de vue artistique, historique, scientifique, légendaire ou pittoresque, un intérêt général.

[54] Ces « zones de protection du patrimoine architectural et urbain » ont vu leur intitulé complété par le mot « paysager » par la loi n° 93-24 du 8 janvier 1993, art. 6 (*J.O.* du 9.1.1993), désormais, on parle de ZPPAUP.

IV. Éléments caractéristiques particuliers liés à la gestion, la protection et la préservation de l'arbre en milieu urbain

Plusieurs éléments concourent à la sauvegarde de la forêt, de l'arbre ou des boisés en milieu urbain. Ainsi au regard des réglementations dans de nombreux pays, force est de constater que la gestion du patrimoine vert en milieu urbain n'est pas si aisée que l'on puisse croire. En effet et surtout dans les pays en développement ou émergents, il y a bien souvent une incongruité ou un manque de conformité apparent entre les textes qui régissent le domaine forestier urbain.

Ainsi donc, lorsque nous observons les législations forestières dans nombre de pays, force est de constater que les lois forestières réglementant les terrains soumis au régime forestier, peuvent s'appliquer sur tout espace qui a vocation à devenir forestier. Ce qui veut dire que les législations forestières donnent, de facto, compétence à l'administration forestière pour agir sur l'ensemble du territoire, y compris donc en milieu urbain, où se trouvera tout espace forestier. Lesdites législations forestières se fondent donc sur le statut de la terre et ne tiennent pas toujours compte du couvert. Or, il convient de se convaincre qu'il n'y a pas de concordance systématique entre le statut de la terre et le couvert. En effet entre ces deux éléments, il y a un décalage bien réel qu'il ne faut pas négliger. Certains pays en tiennent compte. C'est le cas de l'Inde, où le législateur fait la distinction entre les zones répertoriées comme forestières et les autres zones boisées.

Il faut dire que, généralement dans beaucoup de pays, surtout en développement, les législations forestières ont tendance à considérer la forêt comme un domaine réservé d'État, où la plupart des usages sont interdits. Il y a toutefois quelques exceptions dans certains pays où il en est autrement. En effet dans ces pays, le législateur en matière forestière se démarque de ce qui apparait comme un principe général de la législation forestière en reconnaissant des droits aux usagers des forêts. C'est, par exemple, le cas au Zimbabwe et en Gambie[55].

En Gambie, par exemple, depuis 1998, la participation des communautés à la gestion des forêts est reconnue. À cet effet, la loi de 1998 de la République de la Gambie, mentionne particulièrement l'agroforesterie, les arbres forestiers hors forêt, les arbres non forestiers[56] et la foresterie urbaine. La plantation d'arbres sur les terres agricoles et de pâture, ainsi que le long des routes est désormais autorisée par la loi. Conformément à l'article 6, l'usage des arbres forestiers hors forêt et des arbres non forestiers est permis ; toutefois l'exploitation et l'abattage des premiers restent contrôlés[57]. L'article 7 précise, quant à lui, que les arbres non forestiers sont la propriété de la personne ou de la communauté qui les a plantés ou qui en a hérité, mais le transport des grumes provenant de ces arbres nécessite l'obtention d'un permis[58]. La reconnaissance spéciale des arbres qui sont en dehors des forêts constitue indubitablement une avancée manifeste en matière de transferts des droits aux usagers.

---

[55] Cf. Kinara, 1993, *in* FAO, « Les arbres hors forêts – vers une meilleure prise en compte », Cahier FAO, Conservation 35, 2001.

[56] C'est-à-dire des arbres plantés en dehors de la forêt par une personne ou une communauté dans une végétation existante qui ne constitue pas une forêt.

[57] Cf. Art. 6, législation forestière de la République de la Gambie, 1998.

[58] Cf. Art. 7, *idem*.

Au cours de ces dernières décennies, il faut dire que les législations restent très contrastées d'un pays à l'autre en ce qui concerne la plantation, la protection et l'utilisation de l'arbre en milieu urbain et périurbain. Elles peuvent définir des règles d'usage particulières à certaines espèces, mettre en exergue des situations spécifiques, par exemple, les parcs et les sites protégés, régir les permis et autorisations sur les terres privées et/ou publiques et traiter des opérations liées à l'arbre notamment, l'abattage et le reboisement.

Pour illustrer ce contraste des législations en matière forestière, nous pouvons évoquer brièvement la législation relative à l'arbre en milieu urbain dans quelques pays comme la Turquie, le Kenya, l'Autriche[59] :

– En Turquie, la forêt urbaine et les aires récréatives boisées du pays relèvent de la législation forestière qui leur donne une définition et les régit (FAO, 1993).

– Au Kenya, la plantation d'arbres en zones périurbaines est encouragée et sujette à compensation si un plan d'aménagement, approuvé par le gouvernement, exigeait leur abattage[60].

– En Autriche, à Vienne, les arbres des terres publiques et privées sont réglementés par une loi de protection[61].

---

[59] Cf. FAO, « Les arbres hors forêts – vers une meilleure prise en compte », Cahier FAO, Conservation 35, 2001 ; Voir également les travaux de : Profous GV and Loeb RE (1990) "The legal protection of urban trees: A comparative world survey", 1995.

[60] Cf. Profous et Loeb, 1990, *in* Jane Carter, *The potential of urban forestry in developing countries: a concept paper*, Chapter 7: institutional aspect, 1995.

[61] Cf. Jane Carter, *idem*.

V. Vers la nécessité d'une législation internationale de création et protection des forêts urbaines

Le droit international comparé de la réglementation sur la forêt urbaine montre que les législations existantes dans la plupart des pays n'évoquent pas de manière explicite la notion de forêt en milieu urbain. En effet, nous constatons que dans la plupart des pays, la législation traitant des questions relatives aux espaces naturels urbains évoque explicitement les concepts d'arbre, de parc ou d'espace boisé en milieu urbain.

Il apparait donc que les législateurs nationaux évitent, délibérément ou non, de se référer à la notion ou au concept de forêt urbaine ou l'évoquent à peine ou implicitement dans le meilleur des cas. L'arbre, le parc et l'espace boisé, souvent évoqués par les réglementations sont des composantes essentielles de toute forêt qu'elle soit rurale ou primaire (sauvage) ou urbaine. Tous ces éléments naturels auxquels s'ajoutent bien d'autres éléments de biodiversité pour donner à la forêt toutes ses caractéristiques contribuent résolument au bien-être des populations et jouent pour ce qui les concerne un rôle important en faveur de l'environnement et au profit de l'être humain suivant sa nature. Ainsi, la forêt en milieu urbain doit sans doute jouer un rôle certainement aussi étendu que celui de la forêt primaire en milieu rural.

À cet égard, il importe de se convaincre qu'il est aussi nécessaire et impérieux d'élaborer une législation spécifique relative à la forêt urbaine. Ce qui n'a pas été possible au plan international pour la forêt naturelle le serait assurément pour la forêt en milieu urbain. En effet, nous savons tous que, jusqu'à ce jour, il est impossible d'avoir un consensus international sur un instrument juridiquement contraignant relatif à la protection et à la sauvegarde du couvert forestier naturel aux fins d'élaborer une législation internationale en la matière. La raison tient en grande partie au fait que la forêt naturelle représente pour chaque pays qui l'abrite, un enjeu économique énorme.

À défaut d'avoir un texte consensuel international juridiquement contraignant pour sauver le patrimoine naturel vert mondial, il serait important et aussi aisé de parvenir à cette fin en se penchant sur la forêt en milieu urbain. Il va s'agir d'un détour glorieux devant nous conduire au même objectif par rapport à la sauvegarde de la forêt naturelle en milieu rural dès lors que tant en milieu rural qu'en milieu urbain, les fonctions de la forêt demeurent les mêmes au profit de l'environnement et des êtres humains.

En effet, le bois de la forêt en milieu urbain comme celui en milieu rural demeurent un acteur tout aussi efficace de lutte contre les émissions de CO_2, l'effet de serre et le réchauffement climatique. En somme le bois, quel que soit le lieu où il se trouve, joue pleinement son rôle protecteur de l'environnement en tant que véritable puits de carbone.

La Conférence de Rio en 1992 a tiré la sonnette d'alarme sur la déforestation mondiale et a montré ses conséquences certaines sur l'environnement et indéniablement pour l'homme. Nonobstant cette alerte, l'amenuisement des espaces forestiers ne s'est pas estompé dans le monde et plus particulièrement dans les pays qui en abritent. Même si la dernière étude faite par la FAO nous montre que « Le taux de perte forestière nette est passé de 7,8 millions d'hectares par an sur la période 1990-2000 à 5,2 millions d'hectares par an sur la période 2000-2010 et à 4,7 millions d'hectares par an sur la période 2010-2020.

Le rythme s'est ralenti ces dernières années en raison d'une réduction du taux d'expansion de la forêt »[62], il convient de reconnaitre que la déforestation est toujours palpable même à un rythme moins accéléré par rapport à avant avec un taux en net recul.

Face à ce constat qui peut nous paraitre soulageant, mais qui ne donne aucune certitude de freiner la baisse du couvert forestier et au mieux de renverser la tendance, la foresterie en milieu urbain semble bien être un recours certain pour pallier cette baisse. Au demeurant, la forêt urbaine peut même accroitre systématiquement ou nettement la superficie mondiale du couvert forestier.

Les réglementations nationales actuelles sur les arbres, les parcs et les espaces boisés en milieu urbain doivent être renforcées et s'étendre résolument sur la nécessité de la création de forêts en milieu urbain. L'organisation d'une Convention internationale en la matière aux fins d'aboutir à l'élaboration d'un texte juridiquement contraignant parait être une opportunité. Ce détour peut être, à bien des égards, glorieux pour l'humanité en quête de recouvrir la terre de son couvert forestier qui, comme nous le constatons, s'amenuise lentement mais surement.

Il s'impose, à cet égard à tous, d'œuvrer pour une solution durable aux fins de protéger efficacement notre environnement et de faire bénéficier à l'humanité les fonctions que révèle la forêt. Pour cela, il parait opportun d'institutionnaliser la création des forêts en milieu urbain.

---

[62] Cf. FAO (Organisation des Nations Unies pour l'alimentation et l'agriculture), « Évaluation des ressources forestières mondiales 2020 : Principaux résultats », Rome, 2020.

PARTIE II

FONCTIONS ET INSTITUTIONNALISATION DE LA CRÉATION DES FORÊTS EN MILIEU URBAIN

La forêt en tant que ressource naturelle procure une gamme de biens et services nécessaires à la vie humaine. Autrement dit, la forêt joue un ensemble de rôles importants dans notre vie. Ce qui lui vaut tout l'intérêt que nous lui portons. Nous sommes habitués ou du moins nous connaissons, à bien des égards, les principales fonctions de la forêt en milieu rural. Mais en milieu urbain, en plus des fonctions qui lui sont reconnues, elle en développe d'autres, non moins importantes, qui feront ici l'objet de notre étude.

Eu égard aux fonctions forestières, il est clair que la dotation de nos villes de forêt parait une opportunité que personne ne peut vraiment contester. En effet, cette opportunité est d'autant plus avérée que force est de constater que les changements actuels dans les rythmes et modes de vie concourent à l'extension de l'urbanisation et à l'éclatement de la ville dans le monde rural en fragilisant les espaces naturels forestiers au risque d'entrainer un déséquilibre écologique grave. Nous pouvons, toutefois, combler ou tout simplement empêcher cette triste éventualité. Il faut donc compenser cette perte d'espaces naturels forestiers en reboisant. Mais cette fois, le reboisement doit se faire dans le milieu urbain dont l'extension a favorisé la disparition des domaines ruraux. Il convient alors de compenser la perte de couvert forestier engendrée par cette extension. Il survient alors l'intime nécessité de doter les espaces urbains de forêts capables d'assurer cette compensation ou de combler le manque à gagner du fait de la disparition des couverts forestiers provoquée par la disparition des espaces ruraux au profit de l'extension de l'urbanisation.

La meilleure manière d'y parvenir passe nécessairement par l'institutionnalisation de la création de forêts dans le milieu urbain. C'est sans doute la façon la plus rassurante de doter nos villes de forêts.

Il convient donc d'abord d'examiner les différentes fonctions de la forêt en milieu urbain pour ensuite évoquer la nécessité de l'institutionnalisation de sa création dans nos villes.

Chapitre 1 : Fonctions de la forêt en milieu urbain

La forêt en général continue, comme d'ordinaire, d'occuper le devant de l'actualité, en raison de l'intérêt accru qui lui est porté et pour cause : la nécessité de la gérer par rapport à ses multiples fonctions, de plus en plus reconnues, et de préserver sa pérennité pour le bien-être humain aujourd'hui et pour toujours. La forêt qui, par habitude, capte tant notre attention est généralement celle en milieu rural à cause des fonctions régaliennes qui sont les siennes, notamment comme mère nourricière dans les pays pauvres.

Aujourd'hui, du fait de nos modes de vie, nous observons une réelle mutation de la forêt de son milieu originel vers la cité. Il s'agit d'un constat de fait assez visible dans certains pays industrialisés. L'expression de la nécessité de la présence de la forêt en milieu urbain se justifie clairement par les fonctions nouvelles qu'elle procure en plus de celles reconnues originellement à la forêt en général et qui en font le patrimoine commun de l'humanité, c'est-à-dire un bien commun mondial relevant du domaine souverain de l'État, gestionnaire des biens publics dans l'intérêt de tous.

Généralement, plusieurs fonctions sont attribuées à la forêt. Elle les assume d'ailleurs simultanément, ce qui lui vaut son caractère de multifonctionnalité. Il faut dire que les besoins et les exigences inhérents à la foresterie sont toutefois très divers et parfois même contradictoires. Ainsi, les fonctions de la forêt correspondent aux missions que cette dernière remplit, en tant que partie intégrante de notre environnement, en faveur des plantes, des animaux et des êtres humains. Il convient de distinguer d'une part, les fonctions classiques de la forêt notamment celles que nous connaissons d'emblée c'est-à-dire les fonctions économique, environnementale et d'autre part, les fonctions sociales et esthétiques de la forêt urbaine.

I. Fonctions économique et environnementale de la forêt

Les fonctions économique et environnementale sont, on peut le dire, les deux premières fonctions qui mobilisent le monde entier à la protection du patrimoine commun de l'humanité. Tant en milieu rural qu'en milieu urbain, ces deux fonctions de la forêt demeurent des causes fondamentales qui justifient la forte mobilisation du monde au chevet de la foresterie. Il convient d'examiner d'abord la fonction économique de la forêt avant de nous intéresser à celle liée à l'environnement.

1.1. Fonction économique de la forêt urbaine

La foresterie urbaine, sous bien des aspects, représente indéniablement une valeur économique. Aussi bien les gestionnaires des villes, notamment la municipalité, que les citadins et au-delà, tout le pays, chacun bénéficie des retombées économiques de la forêt et même des arbres isolés en milieu urbain.

La valeur économique de la forêt urbaine s'aperçoit dans différents domaines. Ainsi grâce à la forêt et à l'ensemble des espaces arborés dans la ville, il apparait une baisse assez significative de la consommation en énergie, ce qui dénote que la forêt est un véritable économiseur d'énergie.

Aussi, la foresterie urbaine génère une activité économique significative et de l'emploi, valorise la propriété foncière, constitue un attrait touristique évident et contribue à la baisse du nombre d'accidents de la route en ville. Enfin, du fait de la forêt et des espaces arborés, il y a une réduction nette des dépenses dans divers domaines.

1.1.1. Économie d'énergie

La présence de forêt et même d'espace boisé dans la ville favorise et contribue de manière significative à la baisse des coûts liés aux frais de chauffage, dans les pays froids, en hiver. Il en est de même dans les pays chauds ou en temps de chaleur, la forêt ou les arbres plantés autour des habitations jouent sur la température. Ils l'abaissent du coup, c'est l'utilisation du climatiseur qui diminue. Il y a forcément un gain en énergie et aussi en argent.

Il est entendu que les arbres ne peuvent avoir ces effets qu'en tenant compte d'un ensemble d'éléments qui y concourent favorablement. Ainsi, par exemple, les arbres autour des habitations doivent être judicieusement plantés et ils doivent être situés du côté nord de la maison. Il importe donc de faire attention ou du moins de tenir compte des endroits stratégiques en matière de plantation des arbres. La direction des vents dominants est un aspect fondamental dont il faut prendre en compte et orienter l'habitation en fonction.

Il apparait donc que les arbres ou les espaces boisés, lorsqu'ils sont bien plantés et ayant un bon agencement autour d'une habitation, diminuent significativement les coûts liés à la climatisation et au chauffage. Ainsi, selon une étude, un bon agencement d'arbres et d'arbustes autour d'une maison permet de réduire jusqu'à 15 % les coûts de chauffage en hiver et jusqu'à 50 % les coûts de climatisation en été[63].

1.1.2. Atout économique et de plus-value financière

En milieu urbain, la valeur économique de la foresterie et particulièrement des arbres qui en découlent est considérable. En effet, des milliers d'emplois directs et indirects sont générés par l'arboriculture et l'horticulture, ce qui en fait assez justement une activité économique importante. Il s'agit là pour les municipalités d'un réel atout économique non négligeable. Il n'est donc d'ailleurs pas étonnant que désormais une plus grande attention est accordée à ces domaines par l'administration qui en a la gestion. Les espaces boisés en milieu urbain accroissent l'attraction des villes en développement. Surtout pour les individus qui cherchent à se loger ou à habiter la ville, la présence massive d'arbres et d'espaces boisés peut servir d'indicatif et valoriser l'image de marque de la ville.

La forêt et les arbres en milieu urbain accroissent la valeur des propriétés foncières. En effet, la présence des espaces boisés constitue une plus-value financière qui peut représenter jusqu'à 15 % de la valeur foncière environnante[64]. La présence d'arbres ou d'espaces boisés situés à proximité d'une propriété privée rehausse irrévocablement la valeur monétaire de cette dernière.

---

[63] Cf. Guy Bussières, *Fonctions de l'arbre en milieu urbain*, Université Laval, Québec, 2006.
[64] *Idem*.

La transformation de la matière ligneuse en foresterie est une source non négligeable de l'économie. En effet, que ce soit dans l'utilisation de matériaux de construction, de bois d'œuvre, de bois de chauffage ou de pâte à papier, l'industrie de la transformation de produits forestiers est indispensable à la survie de l'économie actuelle. Chacun de nous est un potentiel bénéficiaire de cette ressource, ce qui dénote tout l'intérêt que nous avons en la gérant bien.

Enfin comme autre source économique que génère la foresterie urbaine, il y a la production fruitière. En effet en milieu urbain, les vergers et les plantations isolées d'arbres fruitiers comme, entre autres, les poiriers, les pruniers, les manguiers, goyaviers et les cerisiers ainsi que les arbustes fruitiers tels que les framboisiers et les groseilliers sont un apport économique indéniable pour leur propriétaire.

1.1.3. Attrait touristique

Les espaces boisés, les parcs et les quartiers pourvus de magnifiques arbres constituent un engouement qui suscite l'intérêt d'un grand nombre d'individus. L'impact touristique qu'ils génèrent est patent. En effet, les boisés et les parcs urbains à haut potentiel ligneux font la convoitise des touristes comme c'est le cas de Central Park à New York, ou du Mont-Royal à Montréal.

Au-delà du rayonnement touristique que nous offrent les espaces boisés, c'est manifestement un avantage économique non négligeable pour une municipalité.

1.1.4. Facteur de réduction d'accidents

En bordure de voies rapides, la présence d'arbres favorise la réduction des vents. Du coup, en temps de froid notamment en hiver, il y a une réduction de la poudrerie en faveur d'une plus grande visibilité. Les arbres vont aussi servir de barrières aux automobilistes circulant entre les deux voies. Ils réduisent également l'éblouissement causé par le soleil. La conduite est donc agréable, diminuant ainsi le risque d'accidents. En clair, les boisés contribuent donc, à bien des égards, à réduire le nombre d'accidents routiers. Les arbres en bordure de route apparaissent donc comme des inhibiteurs d'accidents.

1.1.5. Réduction de dépenses dans d'autres domaines

La présence de la foresterie en ville est un gain incontestable d'argent et donc de faire des économies en dépensant moins. Ainsi, force est de constater que :

En matière d'infrastructures de drainage, la foresterie urbaine permet d'en réduire considérablement la quantité nécessaire en milieu habité. Il en est de même des coûts liés à un risque accru d'inondation et de débordement subit dans les systèmes d'égouts pluviaux. Il faut dire qu'il s'agit d'un avantage considérable dès qu'on sait par exemple qu'en Amérique du Nord, dans certaines villes, selon une estimation faite, « le couvert arborescent peut intercepter de 7 à 22 % des eaux de ruissellement destinées aux canaux d'évacuation pluviale »[65].

---

[65] Société de l'arbre du Québec, *Des arbres pour vivre en santé. Guide pour la réalisation de projets de plantation*, Québec, 1998, 20 p.

Aussi grâce à leur rôle thermorégulateur des arbres, c'est-à-dire la diminution des écarts de température observés entre la nuit et le jour, force est de constater qu'il y a moins de rétractions et d'extensions à répétition d'asphalte ou de bitume en milieu boisé[66].

La présence des forêts en milieu urbain entraine une baisse significative des dépenses en soins de santé. La raison est qu'il y a une nette amélioration de la santé des citadins du fait de la foresterie qui parsème la ville et dont la réduction des effets dommageables sur notre santé est évidente.

1.2. Fonction environnementale

La mobilisation mondiale en faveur de la protection et de la sauvegarde de la forêt trouve l'une de ses raisons fondamentales, si ce n'est pas la principale, dans la fonction environnementale qu'elle accomplit. En effet, si le monde entier se met ainsi au chevet du patrimoine commun de l'humanité, c'est bien parce que son rôle dans l'équilibre écologique de notre planète est vraiment vital pour tous. En milieu urbain, la forêt conserve naturellement cette même fonction dans le grand bonheur des citadins qui profitent pleinement des bienfaits que procurent les espaces boisés, les forêts et autres arbres isolés à l'environnement.

Les bienfaits environnementaux de la forêt sont assez nombreux. Ils constituent en réalité des prestations gratuites de services pour les villes et leurs résidents. Il

---

[66] J. L. Monty, « Fondation canadienne de l'arbre, Communication à la 7e Conférence canadienne sur la forêt urbaine », les 11-12-13 octobre 2006 à Québec.

convient d'en citer quelques-uns que nous examinerons ici. Ainsi, l'une des plus importantes faveurs que procurent les forêts à notre environnement est certainement la fonction de **purificateur d'air** pour sa production d'oxygène que tout être vivant respire, sa réduction des gaz polluants ou encore en captant en partie les fines particules en suspension dans l'air. Les forêts favorisent la régulation des températures en ville et jouent également un véritable rôle de **climatiseur**. Les espaces boisés améliorent, protègent et stabilisent aussi la **structure des sols**, réduisant, entre autres, les risques de contamination et d'érosion. Ils préservent la **qualité de l'eau** et régulent l'eau qui y séjourne, réduisant ainsi les risques d'inondation et de débordement des égouts pluviaux. Les boisés urbains assurent une fonction essentielle pour le **maintien de la biodiversité** dans nos villes, par la présence d'une flore et d'une faune qui n'existeraient plus sans eux.

Ce sont là autant de bienfaits quotidiens des forêts et des arbres dont la valeur est habituellement oubliée des élus et citoyens ou prise comme un acquis intangible. Nous allons découvrir les diverses fonctions de ces prestations offertes par Dame Nature aux fins de mieux cerner leur importance dans notre vie quotidienne en ville.

1.2.1. Purificateur d'air et production d'oxygène

Les espaces boisés urbains offrent de nombreuses prestations de services en matière de production d'oxygène, de filtration, de séquestration du carbone atmosphérique et enfin d'épuration de l'air ambiant. Autrement dit, les écosystèmes en ville sont de véritables producteurs d'oxygène nécessaire à tout être vivant qui respire grâce aux mécanismes de la photosynthèse dont seuls sont capables les végétaux. En effet la photosynthèse, mécanisme naturel de séquestration ou de piégeage du carbone, est le phénomène qui consiste à utiliser l'énergie lumineuse pour convertir l'eau et le gaz carbonique en nourriture de base pour l'arbre (sucres) et en oxygène qui purifie l'air. Il est clair, les arbres favorisent grandement l'avènement de la vie animale sur terre. Selon une étude faite au Canada : « un chêne d'Amérique mature produit quotidiennement assez d'oxygène pour une personne plus particulièrement pendant sa période de croissance »[67].

Les forêts diminuent la présence des gaz polluants dans l'air qui constituent le smog[68] qui caractérise tant les grandes villes. Le smog correspond en effet à un mélange de polluants atmosphériques produits, entre autres, lors du brûlage des combustibles fossiles (pétrole, charbon) par les véhicules, certaines usines, etc. Les écosystèmes constituent le meilleur moyen de lutte contre cet assemblage de polluants dans les milieux urbains. Nous devons alors nous inquiéter de l'absence des écosystèmes dans nos villes. En effet, la population urbaine et notamment une catégorie de celle-ci considérées comme fragiles telles que les personnes âgées ou souffrant de maladies chroniques, ou même des jeunes enfants, sont généralement affectées par l'absence des écosystèmes urbains. En tout état de cause, il y a lieu de s'inquiéter des risques auxquels la population s'expose du fait de cette absence car selon une étude faite par l'Organisation

[67] Société de l'arbre du Québec, doc. cit.
[68] Mélange de fumée et de brouillard stagnant parfois au-dessus des concentrations urbaines et industrielles, cf. définition du dictionnaire français Larousse.

mondiale de la Santé (OMS), la pollution de l'air extérieur est classée désormais comme cancérogène[69].

La forêt est reconnue comme un puits de carbone. C'est-à-dire qu'elle absorbe une partie du gaz carbonique atmosphérique, qui est alors transformé en biomasse végétale nouvellement produite chaque année. Ce processus de séquestration du carbone est d'autant plus efficace que les arbres sont jeunes. Il se produit généralement pendant les 60 à 100 premières années de vie des arbres. Toutefois, le carbone ainsi séquestré se perd lorsque les arbres sont coupés et utilisés à des fins qui remettent le carbone dans l'atmosphère sous forme de CO_2 (ex. les bois de chauffage) ou lorsque les bois sont laissés en décomposition en forêt. En minimisant les pertes de boisés urbains, par exemple, lors de la construction de parcs technologiques, industriels, ou encore de nouveaux quartiers résidentiels et en boisant des superficies libres, on augmente la présence de puits de carbone. Ainsi un érable à Giguère fixe, sur une période de 50 ans environ, en moyenne 117 kg de carbone, ce qui correspond à une moyenne de 2,25 kg. Une épinette bleue fixe, quant à elle, 148 kg de carbone pendant environ 40 ans, soit 3,4 kg/an[70].

Outre le CO_2 qui est absorbé par les végétaux et transformé en biomasse végétale (bois, feuillage, racines), il y a également d'autres polluants qui sont absorbés,

---

[69] Selon une récente étude du Centre international de recherche sur le cancer (CIRC, rattaché à l'OMS), *in* Lessard, G. E. Boulfroy, *Les rôles de l'arbre en ville*. Centre collégial de transfert de technologie en foresterie de Sainte-Foy (CERFO). Québec, 2008, 21 p.

[70] Cf. Guy Bussières, « Fonctions de l'arbre en milieu urbain », Université Laval, Québec, 2006, *in* Lessard, G. E. Boulfroy, *Les rôles de l'arbre en ville*. Centre collégial de transfert de technologie en foresterie de Sainte-Foy (CERFO), doc. cit.

transformés en éléments moins nocifs puis stockés par les arbres. Aussi, il y a le plomb et le fluor, deux polluants qui sont absorbés et accumulés sans transformation. Ils sont parfois si toxiques qu'ils compromettent la vie des arbres comme c'est le cas du fluor. Les arbres, en absorbant ainsi une partie importante de tous ces gaz polluants, contribuent donc irrévocablement à contrer l'intensification de l'effet de serre à l'échelle de la planète.

Il convient de dire que les espaces boisés urbains filtrent les petites poussières fines et les aérosols en suspension dans l'air. Du coup, il y a indubitablement une amélioration évidente de la qualité de l'air que nous respirons. Les boisés et l'ensemble des végétaux agissent incontestablement comme de véritables producteurs d'air. En effet, les polluants et une partie des poussières présentes dans l'air sont captés par les feuilles des végétaux et y adhèrent, limitant ainsi leur circulation dans l'environnement. Une étude estime qu'un arbre urbain mature peut intercepter jusqu'à 20 kg de particules par année[71].

1.2.2. Climatisation et régulation des températures

Les forêts diminuent la température ambiante souvent étouffante des villes et améliorent ainsi sa ventilation. En effet, le constat est clair, la chaleur est nettement atténuée par les espaces boisés offrant ainsi un rafraîchissement de l'air ambiant. Ainsi dans la forêt urbaine et dans les parcs, la température de l'air est naturellement plus fraiche qu'en milieu ouvert. Le feuillage des arbres intercepte, absorbe et reflète la radiation solaire et ainsi réduit l'intensité du

---

[71] *Idem.*

rayonnement et la chaleur qui en résulte. Entre les espaces boisés et les zones bâties sans arbres au sein d'une ville, il y a des différences de température en faveur de la circulation de l'air frais des boisés. Ce dernier, étant plus lourd, dégage l'air réchauffé par les surfaces bâties.

Nous assistons à une climatisation et à une régulation de la température de l'air ambiant tant en période estivale qu'hivernale qui constituent une somme inestimable de biens et services qu'offrent les infrastructures vertes aux populations urbaines. Ces dernières en sont naturellement les véritables bénéficiaires. C'est en temps de forte chaleur ou de canicule que ces infrastructures font ressentir le plus grand bien qu'elles apportent à la population surtout fragile. Une promenade dans les forêts parsemées sur le territoire de l'État du Maryland, aux États-Unis, permet de se rendre compte des bienfaits des espaces boisés qui maintiennent la fraicheur en offrant ainsi une qualité de vie incontestable.

Il faut aussi savoir que si grâce aux espaces boisés la température ambiante diminue, il va alors de soi que cela joue également sur le nombre de jours de smog qui, par ricochet, baisse aussi forcément. En effet, la pollution étant fonction de l'importance de la température ambiante, il est donc clair que si ladite température augmente, le problème de pollution aussi.

Ce constat de fait doit interpeler les responsables dans nombre de pays en Afrique, ou dans bien d'autres pays où l'absence d'infrastructures vertes est patente. En effet, les écosystèmes végétaux, lorsqu'ils sont absents dans un lieu, les populations urbaines, surtout les mieux nanties, se ruent sur les climatiseurs. Elles s'en procurent avec naturellement comme conséquence la hausse globale et substantielle de la consommation énergétique.

1.2.3. Stabilisation, décontamination et amélioration de la qualité des sols

La stabilisation du sol et le maintien des éléments qui le structurent sont assurés par les racines des arbres et les arbustes. Il est donc clair qu'un terrain nu où il n'y a pas de couvert végétal en cas de fortes pluies, des quantités importantes de terre peuvent être emportées par l'eau. En somme, le couvert végétal est un excellent moyen de lutte contre l'érosion du sol, très fréquente en milieu urbain due notamment aux travaux de construction et au piétinement. Les racines des arbres maintiennent le sol en place dans les terrains en pente. Le risque d'érosion de la terre demeure permanent, même par temps sec, car un terrain dépourvu de végétation est affecté par les vents. Autrement dit, l'absence d'écosystèmes végétaux entraine des risques probables associés aux glissements et aux décrochements de terrain en sol fragile notamment, argileux, mais aussi au lessivage des sols en zone riveraine littorale. Il apparait donc que les infrastructures vertes fournissent assurément des prestations de services essentielles en matière de stabilisation des sols. Elles constituent donc des systèmes naturels de stabilisation du sol par excellence.

Par ailleurs, les infrastructures boisées interviennent aussi comme un des principaux systèmes naturels de décontamination et de recyclage des sols dégradés par l'activité anthropique sur un territoire donné. En effet, il y a de nombreuses plantes qui sont capables de fixer dans leurs cellules les métaux lourds, radionucléides, composés organiques polluants et autres produits indésirables. « Certaines plantes produisent des enzymes qui dégradent ces polluants en des produits moins toxiques ou littéralement non toxiques. Elles peuvent également être accompagnées de mycorhize qui se charge du travail de fixation et/ou de transformation. Ces propriétés en ont fait des candidates d'avenir relativement à la dépollution des sols. De préférence, les plantes choisies sont sélectionnées selon leur taille et leur aptitude à faire plonger leurs racines profondément dans le sol, de manière à atteindre les couches polluées profondes qui peuvent atteindre quelques mètres, et selon le type de polluant qu'elles sont capables d'emprisonner ainsi. C'est ce qu'on appelle la phytoremédiation »[72].

La forêt en milieu urbain améliore sans faute la qualité du sol par sa contribution à l'enrichissement de la matière organique du sol grâce à la litière de feuilles, aux fruits et aux fleurs fournis par les boisés. De plus, en absorbant une partie des nutriments du sol, les arbres évitent que ces derniers soient lessivés et emportés par les eaux de pluie. Ce phénomène évite ainsi un appauvrissement certain du sol dans le long terme.

1.2.4. Amélioration et protection de la qualité de l'eau dans le sol

Les espaces boisés régulent l'eau dans le sol, diminuant ainsi les risques d'inondation, de débordement des égouts pluviaux et d'érosion. En outre, ce sont d'excellents systèmes naturels de rétention des eaux de ruissellements en surface.

---

[72] Désy, J. & Tremblay, G., « Quels rôles pour les espaces verts et la forêt dans la ville de demain ? », *in* Gagnon, C. (éd.), *Guide québécois pour des Agendas 21e siècle locaux : applications territoriales de développement durable viable*, 2013.

Le feuillage ralentit la descente de l'eau de pluie, ce qui favorise sa filtration dans le sol. De plus, les arbres absorbent une bonne partie de l'eau de pluie par la percolation au niveau du sol et par les racines. Selon des recherches faites à l'Université de Laval, au Canada, un peuplement d'arbres feuillus intercepte 21 % des eaux de pluie et une sapinière, 32 %, ce qui diminue d'autant la quantité d'eau qui ruisselle[73]. Il apparait donc que les plantes se comportent exactement comme des filtres naturels pour les eaux de surface. Les étangs d'épuration des fosses à purin agricoles et les systèmes industriels de biofiltres s'appuient sur cette fonction salvatrice de filtration des plantes[74].

Par ailleurs, la qualité des eaux est préservée par les arbres. En effet, ces derniers limitent la pollution des eaux qui autrement, s'écouleraient sur des espaces pavés contenant des polluants tels que le plomb ou déchets de toutes sortes et qui seraient drainés vers les cours d'eau ou encore captés par les égouts fluviaux, affectant alors la qualité des cours d'eau ou augmentant les coûts de traitements des eaux des villes.

1.2.5. Instrument de lutte contre la pollution acoustique, d'intégration architecturale et d'encadrement paysager

Les espaces boisés sont d'excellents systèmes naturels d'insonorisation, de confinement et de dispersion du bruit ambiant engendré par la circulation sur les grandes artères. En effet, les arbres diminuent le bruit ambiant.

---

[73] Société de l'arbre du Québec, doc. cit.

[74] La ville de Québec procède à la revégétalisation totale des rives de la rivière Saint-Charles en se basant sur la fonction de filtration des plantes.

Généralement dans nos villes, pour lutter contre le bruit des voitures, les municipalités construisent des écrans sonores le long des routes où la circulation est particulièrement dense et bruyante, notamment, les quartiers à proximité d'autoroutes. On estime qu'un talus planté de végétaux sur une longueur de 30 m et une hauteur de 15 m réduit le bruit de 6 à 8 décibels, ce qui correspond à une sensation de diminution du bruit de 30 à 40 %[75]. Mieux encore, il apparait que les bruits sont masqués de la ville par le bruissement des feuilles auquel s'ajoute le piaillement ou le chant des oiseaux qui y nichent. Nous assistons à un véritable système naturel d'écran antibruit. Ceci d'autant plus qu'« une ceinture d'arbres de 30 mètres d'épaisseur réduit le bruit de 6 à 8 décibels. Une atténuation de 12 décibels correspond à une diminution de la sensation sonore de l'ordre de 50 % »[76]. Réel rempart efficace contre les bruits de fond de la circulation de nos véhicules, en tout cas, la forêt urbaine avec ses arbres en est un, du fait de la densité du feuillage des arbres.

En milieu urbain, la forêt et l'ensemble des espaces boisés constituent des systèmes d'encadrement naturel qui rendent agréable la vie dans la cité. Ces infrastructures naturelles favorisent et facilitent incontestablement l'intégration architecturale et paysagique des différentes fonctions urbaines. Une chose est certaine, les infrastructures vertes contribuent à la valorisation des municipalités dans une forte mesure.

---

[75] Cf. Société de l'arbre du Québec, *op. cit.*

[76] Jean Lamontagne, « Importance de nos arbres », *in* Abroquébec, Longueuil QC, Canada.

1.2.6. Décomposition de la matière organique, nidification et reproduction des espèces fauniques et végétales

Nous devons savoir et comprendre qu'au plan écologique et environnemental, les espaces verts agissent comme des systèmes naturels de décomposition et de compostage des matières organiques. Celles-ci produisent donc des substrats végétaux ainsi que des supports au développement des organismes et micro-organismes nécessaires au maintien et à la reproduction de la vie sur terre. L'on peut obtenir de la décomposition et du compostage des matières organiques, entre autres, des matériaux de fécondation et d'enrichissement des sols qui peuvent être par exemple des terres végétales, du compost, des litières, paillis et autres amendements organiques, à des fins agricoles et horticoles.

Les systèmes de nidification de la faune ailée sont nettement favorables avec l'existence d'espaces verts en milieu urbain. Ces derniers contribuent aussi et surtout à la reproduction de la plupart des espèces fauniques, végétales et génétiques sur terre. On assiste donc incontestablement à un maintien de la diversité biologique. Ce qui est une bonne chose dans la mesure où force est de reconnaitre que la baisse de la biodiversité locale entraîne inévitablement une détérioration significative de la qualité de vie en milieu urbain.

1.2.7. Maintien de la biodiversité en milieu urbain

Le sommet de Rio en 1992 définit la notion de biodiversité ou de diversité biologique comme étant la variabilité des organismes vivants de toute origine, y compris, entre autres, les écosystèmes terrestres, marins et autres écosystèmes aquatiques et les complexes écologiques dont ils font partie[77].

Au regard donc de cette définition, il apparait que la biodiversité concerne tout le vivant et la dynamique des interactions possibles au sein de celui-ci. La forêt et les espaces boisés constituent pleinement en tant que végétal une richesse pour la diversité biologique, et bien plus encore, ils assurent l'habitat notamment, comme abri, protection et nourriture de toute la diversité telle que les insectes, les animaux, etc. Les forêts urbaines dans l'État du Maryland, aux USA, qui abritent nombre d'espèces d'animaux (oiseaux, biches, cerfs, écureuils, etc.), illustrent bien le rôle d'habitat que peuvent jouer les espaces boisés en milieu urbain. Dans les pays froids, même en hiver où les arbres perdent leur feuillage, et où la forêt donne l'aspect d'une clairière, force est de constater que certains arbres et arbustes, dont les aubépines et les sorbiers, conservent leurs fruits en hiver, ce qui continue d'assurer une source de nourriture pour les oiseaux. Tout comme de nombreux fruits d'arbres, tels les glands, baies, samares, etc., alimentent valablement les mammifères. Il en est de même des mousses, lichens et plantes herbacées, tapis au sol des boisés, abritent et nourrissent quant à eux une multitude d'insectes et de petits animaux qui sont nécessaires au bon fonctionnement de la chaîne alimentaire et de l'écosystème. Mais en tout état de cause, il faut savoir que l'énergie produite et emmagasinée par les plantes est source de nourriture pour les animaux. Ce qui est donc rassurant, quels que soient le pays et le climat, voire la saison.

---

[77] Cf. La Convention sur la diversité biologique adoptée lors du sommet planétaire de Rio de Janeiro, Brésil, le 5 juin 1992.

En somme, il faut convenir que la diversité des organismes, principalement en forêt, constitue une mesure fondamentale de la santé du milieu naturel. La disparition d'une seule espèce végétale peut entraîner à elle seule l'extinction de 30 espèces animales[78]. Nous devons alors nous inquiéter de la disparition de certains boisés en ville provoquée par l'étalement urbain et qui peut affecter la diversité biologique des écosystèmes présents en milieu urbain.

II. Fonction sociale, équilibre physique et esthétique

Les espaces boisés en milieu urbain constituent beaucoup d'avantages pour les citadins. En effet, les écosystèmes urbains développent des aspects sociaux et culturels divers au sein du tissu urbain, puisqu'ils facilitent, entre autres, les relations humaines et particulièrement les relations de voisinage dans les quartiers. Aussi, ils favorisent le renforcement du sentiment d'appartenance communautaire lorsqu'il s'agit de mobiliser la population d'un quartier pour la sauvegarde d'un boisé. La foresterie urbaine constitue dans bien de cas des processus de réinsertion sociale de personnes, notamment, de jeunes à la recherche d'emploi. Les espaces boisés urbains constituent également des lieux de découvertes et d'observations privilégiés de la nature ainsi qu'un outil pédagogique important.
Les boisés urbains offrent des lieux propices pour nos activités physiques, favorisent l'équilibre psychique des populations urbaines et exercent incontestablement un effet thérapeutique considérable réduisant ainsi les risques de certaines maladies qu'on trouve fréquemment dans les villes, notamment, les malaises respiratoires, les faiblesses

[78] Cf. Jean Lamontagne, *op. cit.*

cardiaques, les coups de chaleur, les cancers de la peau. En somme, les boisés urbains contribuent à notre bonne santé physique. De plus, la présence des forêts en ville, sous bien d'aspects, joue favorablement sur notre confort au quotidien. Enfin, force est de reconnaitre que les boisés jouent assurément sur la structure et le design ainsi que sur l'embellissement de la ville.

2.1. Contribution au développement des aspects socioculturels

Les espaces boisés favorisent le développement de différents aspects sociaux et culturels dans le milieu urbain. Ce qui permet de faciliter sinon de permettre ou de susciter les relations humaines entre les citadins. Car ils deviennent des lieux de rencontre, de convivialité et de récréation où le sentiment d'appartenance communautaire est manifeste. Ils deviennent des outils pédagogiques pratiques pour les enseignants, et de l'écotourisme.

2.1.1. Lieux de rencontre et réinsertion des populations urbaines

Les espaces boisés deviennent généralement, pour les personnes fréquentant ou résidant aux alentours de ces infrastructures vertes, un lieu de récréation extensive de plein air pour la détente au récréotourisme saisonnier, la promenade, la marche, la bicyclette, la course à pied et l'observation de la nature. Leurs fonctions sociales proviennent du rôle qu'ils jouent en facilitant l'accès aux citadins pour leurs activités de loisirs, et ce, en favorisant les rencontres entre les citoyens. Ils deviennent ainsi un lieu de renforcement des relations humaines entre des gens qui se connaissent déjà dans le quartier mais qui n'ont pas l'occasion de bavarder ou de passer du temps ou quelques moments ensemble. Du coup, les espaces boisés, notamment les parcs, créent le cadre idéal pour développer les relations humaines, donnant à bien des égards à ceux qui s'y retrouvent d'appartenir à une même communauté. Ce rapprochement de la population peut naturellement susciter des actions communautaires en faveur de la protection de l'environnement. Par exemple, des actions communautaires de création d'espaces boisés ou d'espaces de plantation d'arbres ou tout autre projet en vue de la préservation du couvert forestier en milieu urbain. Ceci pourrait permettre de développer une éthique en faveur de l'environnement, la nécessité de le protéger et le préserver. En tout cas, ceci peut bien contribuer à cesser ou diminuer le vandalisme.

En milieu urbain, la forêt peut constituer un outil pour assurer la réinsertion sociale de jeunes contrevenants ou de personnes sans emploi et n'ayant aucune formation. Il peut s'agir pour ces jeunes de planter des arbres dans la ville où cela est nécessaire, ou d'aménager au besoin les boisés urbains comme la forêt, les parcs ou encore de créer des jardins d'arbustes. En tout état de cause, il y a matière à favoriser la socialisation de ces jeunes, à travers une expérience de travail, de vie de groupe et d'activités culturelles, sportives, de loisirs et d'entraide au bénéfice de la communauté, en leur offrant ainsi la possibilité de faire concrètement l'apprentissage d'une citoyenneté active. Autrement dit, les boisés urbains contribuent valablement, entre autres, à faciliter le recrutement ainsi que la fixation de mains-d'œuvre jeunes. Surtout que ces derniers sont de plus en plus spécialisés dans les petites, moyennes et grandes entreprises industrielles et de services.

2.1.2. Lieux de découverte et d'éducation environnementale

Pour bien de citadins, les espaces boisés deviennent des lieux de rencontre avec le milieu naturel dont souvent la plupart des populations vivant en ville sont privées. Il est donc clair que ces espaces offrent cette opportunité à ces populations. Du coup, ces infrastructures vertes deviennent des lieux de découverte, d'observation et d'interprétation de la nature, qu'il s'agisse de la nature ou de la flore. Certaines de ces infrastructures, lorsqu'elles sont situées à proximité des écoles et des résidences, deviennent aussi des lieux privilégiés de sensibilisation auprès de la population à la conservation des espaces verts dans un contexte où, en ville, de plus en plus de nouveaux quartiers sont déboisés pour la construction domiciliaire.

Les espaces verts deviennent même des lieux favorables à la vulgarisation scientifique des phénomènes écologiques dans lesquels l'arbre interagit en étroite relation avec son milieu. La présence parfois de nombreuses espèces d'oiseaux dans ces infrastructures favorise bien souvent l'ornithologie devenant ainsi une activité populaire auprès des citadins.

2.2. Satisfaction à l'équilibre physique, au confort de vie et à l'esthétique

Le bien-être est la résultante d'un ensemble d'éléments qui rendent notre vie agréable et contribuent à bien des égards à la performance de la qualité de notre vie. En milieu urbain, notre qualité de vie résulte fondamentalement des éléments tels que la bonne santé physique et psychologique, le confort de la vie que nous menons et, bien entendu, à la beauté de notre environnement naturel c'est-à-dire à l'esthétique du paysage.

2.2.1. Amélioration de la santé physique et psychologique

Les infrastructures vertes de nos villes sont beaucoup plus qu'une décoration dans notre environnement urbain. Elles contribuent inexorablement à l'amélioration de notre bonne santé physique et de notre bien-être psychologique tout en nous offrant un confort de vie incontestable. Aussi, elles fournissent nombre de nos aliments et produits pharmaceutiques.

Il est indéniable que les espaces boisés représentent le lieu idéal pour les citadins de faire des activités comme le jogging, la marche, la course à pied, le vélo, en somme des activités physiques de plein air, peu couteux, nécessitant peu d'organisation préalable et surtout favorisant, de surcroit, la bonne santé physique des personnes. Il n'est d'ailleurs guère surprenant que les boisés, dont l'accès est autorisé, sont très fréquentés par les résidents. Les boisés constituent une forme d'ambiance remarquable et suscitent un sentiment d'admiration. Les espaces boisés permettent de maintenir une certaine proportion d'éléments naturels indispensables à l'équilibre psychique des individus. Généralement, la vie en ville est synonyme de stress, d'environnement où l'on sent son espace vital envahi au bureau, dans les rues, les transports en commun bondés, des gens parfois peu aimables et agressifs pour diverses raisons. Face à de telles situations, les espaces boisés permettent indubitablement de recréer un espace vital, un espace d'air libre, plus calme, nécessaire à tout être humain. Du coup, ces infrastructures vertes apparaissent alors comme de véritables lieux de repos, de contemplation, de méditation où les individus peuvent se ressourcer, combattre le stress accumulé, se changer les idées. Aussi, il a été observé que la présence de boisés dans un lieu de convalescence, assure un rétablissement plus rapide des patients hospitalisés. Il a également été révélé que les maux de tête, nausées, fatigue mentale ont considérablement baissé chez ces patients qui, de ce fait, requièrent moins de traitements[79]. Toutefois, comme cela est, ou peut-être, le cas dans les pays développés ou en développement surtout, où prévaut le sentiment d'insécurité redouté par les personnes à proximité des boisés, en particulier le soir et la nuit. Du coup, il peut naitre chez les citadins un sentiment de peur, et les boisés peuvent alors être considérés comme des sources d'insécurité. Dans ce cas, il importe alors de mettre en place les dispositions sécuritaires idoines afin d'assurer et d'ôter de l'esprit des individus à proximité des espaces boisés de tout sentiment de peur et d'insécurité. Il conviendrait, dans ce cas, de considérer, par exemple, l'éclairage des sentiers ainsi que l'accessibilité visuelle des lieux lors des aménagements pour sécuriser les citoyens.

Les espaces boisés ont également un effet thérapeutique manifeste. Ainsi, les personnes âgées, enfants asthmatiques, personnes atteintes de maladies cardio-respiratoires qui ont des difficultés respiratoires, voient leurs malaises diminués du fait de l'existence des espaces boisés qui réduisent la présence des gaz nocifs dans l'air. Il y a certaines espèces d'arbres[80] dont le pollen peut provoquer des allergies chez certaines personnes.

[79] Société de l'arbre du Québec, *op. cit.*

[80] Il y a, par exemple : le tilleul, le saule, l'orme d'Amérique, le bouleau à papier qui sont des essences pouvant provoquer des réactions allergiques très sévères, etc.

Généralement, dans les pays froids, en été, pendant les fortes chaleurs, les espaces boisés, en diminuant naturellement la chaleur ambiante, réduisent les problèmes de santé liés à la canicule. Grâce à l'ombrage de leur feuillage, les espaces boisés favorisent la diminution des risques de cancer de la peau, de cataractes, car ils protègent contre les ultraviolets-B (UV-B)[81]. Force est d'admettre que désormais, les espaces boisés, face à l'appauvrissement de la couche d'ozone qui nous expose de plus en plus aux rayons UV-B, offrent une protection certaine contre ces rayons.

La forêt urbaine nous procure des aliments et produits pharmaceutiques qui, en effet, viennent de l'extraction ou transformation de substances de certains arbres. Les Africains comme les Indiens et certains aborigènes détiennent le pouvoir guérisseur de nombreuses plantes. Il est d'ailleurs assez dommage qu'en Afrique, l'on n'exploite pas assez les vertus de nos plantes qui parfois luttent extraordinairement contre des maladies graves. Ainsi, le neem, par exemple, qui est l'une des espèces pionnières des plantations urbaines, lutte efficacement contre le paludisme. Il y en a même qui traitent efficacement certains cancers[82]. Ces arbres, plus que des chefs-d'œuvre de la nature, font partie intégrante des écosystèmes verts qu'il nous importe de perpétuer pour les générations futures. Aujourd'hui en Afrique comme sans doute dans nombre de pays pauvres forestiers, les populations meurent de maladies, faute souvent d'argent

---

[81] Lessard, G., E. Boulfroy, *Les rôles de l'arbre en ville.* Centre collégial de transfert de technologie en foresterie de Sainte-Foy (CERFO). Québec, 2008. 21 p.

[82] On pourrait notamment citer le pedophyllum et le taxol, dérivé du taxus, lesquels auraient des vertus prometteuses pour le traitement de certains cancers.

pour acheter des médicaments. Pourtant, ils ont autour d'eux des puits de remèdes dont ils ignorent l'efficacité ou l'existence parce que les anciens qui connaissaient les vertus de ces boisés, sont morts et n'ont pas transmis leurs connaissances qu'ils ont gardées comme des secrets. Il y a toutefois encore de l'espoir dès lors qu'il existe toujours des gens qui détiennent ces connaissances. Pourvu que les décideurs prennent conscience pour les promouvoir au droit à la santé publique dont doit bénéficier chaque citoyen. Ainsi, avec la forêt urbaine ou l'arbre à la ville, c'est la médecine naturelle à portée de main, à moindre coût.

2.2.2. Amélioration de la qualité de vie

La présence de boisés en ville offre un microclimat certain à la ville et même à la périphérie. Ce qui offre aux citadins un confort de vie quotidienne certain. Car, comme nous l'avions souligné plus haut, les espaces boisés diminuent la température ambiante et l'éblouissement causé par le soleil, protègent le promeneur contre les intempéries, réduisent la vitesse des vents ou encore contribuent à créer un climat plus confortable dans les habitations lorsque des arbres sont plantés à proximité dans des endroits stratégiques des habitations. La qualité de vie qu'offre la forêt en milieu urbain se constate également au niveau de la diminution de la pollution sonore comme visé plus haut. Aussi, les mauvaises odeurs peuvent être en partie masquées par les espaces boisés, entre autres, par la diffusion de leur propre parfum.

Les infrastructures vertes donnent à la ville et au paysage urbain une véritable dimension humaine. Les plantations d'arbres le long des rues créent un espace plus confortable pour les piétons. D'ailleurs, lorsqu'il y a des arbres en bordure des rues, les gens sont plus intéressés à circuler à pied, en empruntant des rues agréablement ombragées avec une diminution nette de l'éblouissement causé par le soleil. Les arbres servent également à séparer l'espace piétonnier de l'espace routier lorsqu'ils sont plantés en banquette et assurent ainsi un sentiment de sécurité aux piétons. Il s'agit là d'un confort de vie incontestable auquel il faut ajouter la diminution de la température ambiante des villes. De plus, les espaces boisés contribuent à la modération des températures extrêmes de sorte que le contraste entre les températures diurnes et nocturnes devienne moins important. Du coup, les nuits sont moins fraiches et les journées moins chaudes. Force est alors de comprendre qu'il se crée forcément dans les habitations un climat assez confortable. Toutefois, il est important de se conformer à des règles strictes qui doivent être suivies lors de la plantation d'arbres à proximité d'infrastructures, si l'on ne veut pas que ces derniers altèrent les édifices ou les pavages[83].

Les espaces boisés opposent une résistance à la vitesse des vents[84] en agissant comme des brise-vents et diminuant ainsi l'ampleur des courants d'air. Il y a donc une véritable protection contre le vent.

Dans les pays où les saisons sont nettement apparentes, les espaces boisés rappellent aux citadins l'existence d'un monde extérieur ponctué par le rythme immuable de ces

---

[83] Ex. : excès d'humidité et risque de moisissures, risques de bris lors de la chute des arbres, progression des racines qui peuvent causer des problèmes aux surfaces pavées, aux trottoirs, présence de radicelles dans les conduites sanitaires occasionnant éventuellement leur obstruction, etc., cf. Lessard, G., E. Boulfroy, *op. cit.*

[84] La vitesse du vent peut être réduite de 50 % sur une distance de 10 à 20 fois la hauteur de l'écran, selon l'épaisseur et le type de végétaux, cf. Lessard, G., E. Boulfroy, *op. cit.*

saisons où on assiste à la coloration automnale des feuilles, le verglas sur les branches durant l'hiver, le réveil printanier qui amène l'éclosion des bourgeons et des fleurs, le parfum de la floraison de certaines plantes tel que celui des fleurs des lilas, des cerisiers, des pommiers et des tilleuls qui sont autant de manifestations qui agissent sur les citadins.

Le développement de l'activité écotouristique en milieu urbain est aussi un signe de l'amélioration de la qualité de vie des citadins du fait de la présence des infrastructures vertes.

2.2.3. Satisfaction de l'esthétique

Les arbres bien taillés et disposés, les forêts qui parsèment la ville ou les parcs bien articulés dans une ville font incontestablement la beauté de la ville et l'envie d'y vivre. Autrement dit, les infrastructures vertes peuvent agir comme élément de design et de structure. Elles contribuent irrévocablement à l'embellissement d'une ville, à son ornement.

Nous avons tendance à ne pas assez souligner que les boisés peuvent agir comme un élément de design. Ainsi, la végétation peut servir de lien ou de transition entre différents bâtiments ou encore d'élément unificateur permettant de donner une cohérence et un sentiment d'unité à une scène constituée d'éléments disparates. On peut, par exemple, imposer des formes, des hauteurs aux arbres en bordure des rues ou routes ou même dans les parcs comme, par exemple, les parcs du château de Saint-

Germain-en-Laye, ou du château de Versailles[85] en France. Les paysagistes, spécialistes en paysage, utilisent la végétation pour articuler l'espace et créer un effet de perspective, par exemple, ou comme outil de renforcement de design, en servant de transition entre deux bâtiments ou en découpant un grand espace vide. La végétation permet aussi dans certains cas de créer une hiérarchie au sein d'un ensemble de bâtiments, en mettant l'emphase sur certains ou en modulant l'importance des autres en les masquant. En somme, l'arbre apparait comme un élément architectural à part entière qui vient rompre la monotonie et la rigidité des structures. Les arbres se démarquent de la perspective des rues et des artères principales. Ils peuvent aussi être utilisés pour préserver l'intimité d'un lieu, ou en zone résidentielle et dans les aménagements publics, assurer le caractère privé d'une propriété privée par le biais d'écrans, de haies ou de massifs boisés. Aux abords d'un bâtiment ou d'une résidence bien aménagée, les arbres s'harmonisent aux éléments architecturaux et les mettent en valeur. Parfois même, il peut s'avérer que pour éviter le piétinement et contrôler la circulation pédestre, la plantation de certains types de végétaux – aubépines, berbéris, rosiers – à des endroits que l'on veut protéger, s'avère efficace pour dissuader la fréquentation et limiter le piétinement. Ces végétaux munis d'épines ou d'aiguilles acérées créent la dissuasion et réorientent le déplacement piétonnier.

La végétation embellit nos villes, améliore l'esthétique son paysage, de par sa texture changeante, les contrastes de couleurs et de formes, de hauteur par rapport aux

[85] Deux jardins célèbres en France parmi bien d'autres, créés par le même homme en l'occurrence André Le Nôtre, illustre jardinier. Il est en effet l'auteur de nombreux jardins à la française dont parmi les plus beaux de l'Île-de-France : Vaux-le-Vicomte, Saint-Cloud, Chantilly, Sceaux et surtout le parc du château de Versailles.

bâtiments adjacents. Elle naturalise aussi les endroits austères. Ce sont là, entre autres, autant d'éléments de diversité qui favorisent l'embellissement de la ville par les infrastructures vertes. Quoi de plus fantastique que d'avoir le cœur apaisé avec la présence de la végétation en ville dans un contexte où les matériaux utilisés en construction sont inertes et peu sujets au changement ! En tout cas, cette présence nous apporte un aspect de diversité dans le temps. De par leur silhouette, les arbres se démarquent du paysage souvent froid qui caractérise le milieu urbain. Il est clair que la vision que dégage la végétation, que ce soit à l'échelle d'une journée, d'une saison ou même d'une vie, change sans cesse et modifie la perception que l'on a de la vue. Il existe des arbres, en l'occurrence les arbres d'ornement, qui ont une beauté naturelle et qui, il convient de le dire, ont presque un pouvoir attractif auprès des individus que ce soit par leurs propriétés esthétiques ou par la faune qu'ils attirent. L'arbre d'ornement est caractérisé par la beauté de sa floraison spectaculaire, de son feuillage, de sa forme, de sa couleur, de la texture de son écorce et de toutes les autres caractéristiques ornementales qui le rendent attractif.

Les espaces boisés absorbent la brume jaunâtre, trouble et diffuse du smog qui règne souvent à l'horizon urbain des grands centres. Agissant ainsi, ils contribuent incontestablement à l'embellissement de l'ambiance du milieu urbain.

La végétation peut servir à moduler le point de vue d'un observateur. Par exemple, en influençant la perception que l'on a de la taille d'une maison ou encore en permettant de mettre l'emphase ou de masquer certains éléments d'une vue.

Chapitre 2 : Nécessité ou obligation de création d'espaces boisés en milieu urbain

La prise de conscience de la nécessité des forêts et espaces verts en milieu urbain est de plus en plus grande. Pour cause, ces infrastructures vertes répondent à la fois à des besoins matériels et physiques divers tout comme à des besoins de détente et de loisirs. Autrement dit, les citadins sont désormais exigeants pour la qualité de leur environnement, du coup, leur demande en espaces de détente et de loisir s'accroit. Cette exigence des citadins est d'autant plus manifeste que nous sommes à une période où l'on sait que la majorité de la population mondiale vit désormais en milieu urbain. En effet, depuis 2007, pour la première fois dans l'histoire de l'humanité, la population mondiale a basculé vers une majorité urbaine. Par ailleurs, au-delà de la satisfaction des besoins des citadins pour le confort de la vie que leur procurent les espaces boisés, il convient de souligner le rôle écologique de ces infrastructures vertes qui constituent de véritables outils de lutte contre le changement climatique et la pollution de l'air dans nos villes dont la démographie ne cesse de croitre inexorablement.

La forêt et les boisés urbains deviennent une nécessité vitale sans lesquels les villes perdraient leur viabilité. Il se pose alors nécessairement la question de l'opportunité relative à leur institutionnalisation. D'ailleurs, désormais, il n'est plus choquant de soutenir l'obligation de création de plantation de forêt dans nos villes. Une idée facilement admise par nombre d'autorités en charge de la gestion des villes et soucieuses du mieux-être de leurs administrés dont le nombre ne cesse assurément de croitre. Une croissance démographique qui a d'une part, des incidences certaines sur l'environnement et d'autre part, des conséquences à la fois sur les conditions de vie des citadins et la santé publique. Il importe, à cet égard, de répondre aux défis du développement des villes. Il s'agit de défis urbains qui trouvent assurément leurs réponses dans la dotation de nos agglomérations d'écosystèmes verts dont la promotion est désormais une nécessité et un impératif pour les municipalités. Il convient de dire que ce besoin vital est vrai tant dans les villes des pays développés que dans celles des pays en développement. Quelle politique de promotion des infrastructures vertes adopter pour un développement durable de nos villes ? Avant de répondre à cette préoccupation, il importe de nous rendre compte ou de faire l'état des lieux en matière du verdissement des villes des pays du Sud et principalement dans celles des pays en développement ou émergents d'Afrique.

I. État du verdissement des villes dans les pays africains

S'il est de plus en plus admis par tous de la nécessité de doter nos villes d'infrastructures vertes, force est de constater que cette urgence ne s'observe pas, en tout cas, pas de manière pressante dans toutes les villes au monde. Dans les pays développés, nombreuses sont les villes dont les municipalités ont très tôt pris conscience et disposent de leur cité d'écosystèmes verts. Ce qui n'est pas vraiment le cas dans les pays en développement ou émergents où la plupart des municipalités n'ont encore pas compris ou feignent de comprendre sans conviction cette nécessité. Du coup, inconsciemment, les gestionnaires des villes dans ces pays dont le taux d'urbanisation croît à un rythme rapide, exposent à la fois leur cité, les administrés, et partant, le pays lui-même aux problèmes liés au développement urbain et dont les infrastructures vertes apparaissent comme les meilleurs moyens pour y remédier, notamment, rendre agréables le confort de la vie des citadins et l'environnement. Les administrations municipales dans la plupart des pays en développement adoptent toujours un comportement qui dénote le manque d'engouement ou d'intérêt pour la foresterie urbaine. En somme, les municipalités des villes dans ces pays donnent l'impression que soit, elles ignorent les retombées positives des infrastructures vertes sur leur ville, soit elles les savent mais refusent néanmoins de budgétiser leur création, soit pour des raisons culturelles.

Force est de constater qu'il n'y a pas encore une réelle prise de conscience manifeste, dans les pays en développement, de la nécessité de la foresterie urbaine. Toutefois, de timides actions sont menées ici et là dans les milieux urbains et surtout dans les grandes agglomérations, en l'occurrence, les capitales de ces pays. Face à cette réalité, la première raison que l'on peut évoquer pour expliquer cette défaillance, est sans aucun doute le problème de moyens financiers. Ce qui ne serait pas erroné car les municipalités vont désormais allouer un budget conséquent pour accroitre le taux d'urbanisation aux fins d'accueillir les nouveaux arrivants. Ce qui peut détourner l'attention des autorités municipales de la nécessité de création d'infrastructures vertes pouvant valablement contribuer à la résorption d'un certain nombre de problèmes du fait de l'augmentation de la population urbaine. Mais en réalité, au regard des constats, l'absence récurrente d'écosystèmes verts dans les milieux urbains trouve son explication d'une part, dans les rapports traditionnels entre les populations et la foresterie et d'autre part, dans les difficultés de mise en œuvre du système forestier urbain dans ces pays. Il importe de les examiner avant de nous intéresser aux mesures incitatives à mettre en œuvre pour résorber la carence des foresteries urbaines.

1.1. Rapports traditionnels entre la population et la forêt urbaine

Nous allons dans le cas des pays en développement prendre l'exemple des pays africains où la foresterie urbaine n'est point la préoccupation des administrations municipales. Non pas par rejet mais simplement parce que les municipalités n'en font pas une priorité dans leur politique de gestion de la ville. Leur attention est bien ailleurs notamment, faire face, entre autres, à l'exode rural vers la ville. Toutefois, les villes ne sont pas pour autant dénudées d'infrastructures vertes. En effet, la période coloniale, connue par la plupart des pays africains, a exercé une influence profonde sur le processus d'urbanisation. Ainsi, l'incorporation d'arbres dans le milieu urbain faisait partie intégrante de la politique coloniale qui préconisait l'isolement social, économique et spatial par rapport aux autochtones. C'est ainsi qu'un modèle européen des arbres en ville fut importé, qui comporte entre autres : des plantations d'alignement et d'ombrage, des parcs publics, jardins botaniques ainsi que des parcelles d'expérimentation forestières notamment[86]. Aujourd'hui nombreux de ces arbres n'existent plus. En Côte d'Ivoire, par exemple, dans l'arrondissement du plateau, le quartier d'Abidjan, beaucoup de ces arbres ont été abattus. Pire, ils n'ont pas été remplacés. Ou, parfois,

---

[86] Cf. Salah Rouchiche, « La foresterie urbaine et périurbaine en Afrique, une étude de cas sur le Sahel (Dakar, Niamey, Nouakchott and Ouagadougou) », *in* Archives de document de la FAO, Département des forêts, 1993.

ce sont des palmiers nains qui sont plantés comme pour combler le vide occasionné par ces abattages. Par ailleurs, à Yamoussoukro, le maire de la ville a abattu de nombreux arbres plantés pour la construction de son logement au mépris de tout. Sans daigner évidemment les remplacer. Il s'agit d'attitudes néfastes vis-à-vis des arbres et de la forêt urbaine. Une telle attitude des autorités municipales pourrait s'expliquer en partie par les rapports traditionnels qui existent entre les populations dans ces pays et l'environnement et particulièrement la foresterie.

En effet, les relations traditionnelles que les populations entretiennent avec l'environnement en général et particulièrement avec la foresterie urbaine doivent nous permettre de comprendre beaucoup mieux l'état de la foresterie urbaine dans les pays en développement. Ceci peut bien nous aider à engager ou définir des programmes de création d'infrastructures vertes urbaines nécessaires pour le développement durable des villes et le bien-être des citadins. La connaissance des rapports traditionnels entre les populations et l'environnement parait un aspect important qui doit permettre de comprendre aisément les raisons pour lesquelles les grandes métropoles dans les pays en développement sont dénudées d'arbres ou d'espaces boisés. Pourtant, à première vue, ces métropoles, souvent très peuplées d'ailleurs, ont, à tous égards, manifestement besoin d'infrastructures vertes. En effet, lorsqu'on atterrit dans ces villes, le soleil ardent qui s'y abat, avec des populations en quête d'ombrage, ou alors les nombreux véhicules ou motocyclettes dégageant parfois d'épaisses fumées de gaz carbonique, l'on s'aperçoit immédiatement du besoin évident d'infrastructures vertes pour mieux lutter contre le changement climatique et réguler ou réduire la pollution atmosphérique. Il convient de le distinguer selon que nous

nous trouvons dans un pays forestier en développement ou dans un pays sahélien en développement.

Dans un pays forestier en développement, il faut dire que l'avènement ou l'urbanisation des villes ou même des villages, se fait systématiquement au détriment de l'arbre et de la forêt. Ainsi, lorsqu'on y arrive, l'absence des d'arbres est frappante. Toutefois, s'il y a des arbres, leur présence est très discrète. En tout cas, la nécessité d'avoir des arbres n'est point une priorité. Dès lors qu'ils sont considérés comme envahissants ou étouffants. Parfois même, lorsqu'ils ont pu être épargnés et que par malheur des animaux nocturnes y trouvent refuge la nuit pour leur couchette, leur cri ou chant est interprété comme démoniaque ou source de malheur. Du coup, cet arbre doit être abattu et souvent avec tous les autres arbres avoisinants. Les arbres ou les forêts sont donc ainsi victimes des coutumes ou cultures. Il y a de nombreuses autres interprétations de la présence de l'arbre ou de certains arbres dans le milieu urbain en Afrique. Ce qui défavorise bien évidemment la plantation d'arbres ou la création de forêts en milieu urbain dans beaucoup de pays forestiers en Afrique. Dans certains villages ou certaines villes, il y a également des bois sacrés ou forêts sacrées, notamment, en Côte d'Ivoire chez les Sénoufos où les pratiques religieuses traditionnelles sont encore très vivantes. Aujourd'hui encore, dans certaines régions densément ou depuis longtemps aménagées, les bois sacrés ou forêts sacrées contribuent à la conservation d'échantillons de diversité biologique forestière en tant qu'« îlots forestiers » relativement épargnés par la surexploitation, voire de toute exploitation[87] ou en tant que lieux de mémoire et de protection de plantes liturgiques,

[87] Cf. James George Frazer, *Le Rameau d'or*, Laffont / Bouquins, 1981, Tome I (ch. *Le Roi magicien dans la société primitive*).

plantes indicatrices de lieux de culte ou plantes abritant des divinités. Ce sont des lieux où les arbres de la forêt primaire ou descendants de la forêt primaire, et leur biodiversité associée sont souvent restés protégés par des tabous culturels et religieux communautaires[88].

Dans les pays sahéliens en développement notamment les pays de forêt claire, de savane et de steppe, la situation est tout autre. En effet, dans ces zones, les populations ont une approche assez différente vis-à-vis de l'arbre ou de la forêt. Ainsi, par exemple, dans les zones sahélienne et soudanienne, l'arbre ou le groupe d'arbres a toujours joué un rôle symbolique important dans l'établissement des villages. L'opportunité d'établissement futur d'une ville ou d'un village s'observe par rapport à la présence d'arbre qui apparait comme un signe favorable à cette future ville ou ce futur village. Car la présence d'écosystèmes verts est synonyme de la proximité de l'eau. Aussi, généralement, il s'agit d'endroit où la terre est fertile et indubitablement, il peut y avoir du gibier pour la nourriture ou alors tout simplement pour leur fonction d'ombrage ou d'abri à l'occasion d'une halte. Une fois le village établi, la forêt avoisinante aura pour rôle d'assurer auprès des habitants, les besoins traditionnels de culture, de chasse, d'énergie et de production de médicaments. Les besoins spirituels de recueillement et de « secret » pour les pratiques initiatiques sont ceux qui assurent le plus longuement la permanence de la forêt à côté des établissements humains. Cela explique la permanence de bouquets forestiers à côté de nombreux bourgs, villages et également la conservation d'arbres devenus incongrus dans un environnement

[88] Cf. C. Garcia, J.-P. Pascal, C. G. Kushalappa, « Les forêts sacrées du Kodagu en Inde : écologie et religion », dans *Bois et forêts des tropiques*, 2006, n° 288, p. 5-13.

complètement urbanisé[89]. Il y a implicitement une protection de la forêt.

Par ailleurs, pour leur rôle économique notamment de producteurs de matériaux d'intérêt domestique ou d'aliments, les arbres ne sont jamais abattus dans les villages du Sahel qui en dépendent directement. Ainsi, le baobab, le karité, le palmier rônier (*Borassus aethiopum*) et le palmier doum (*Hyphaene thebaica*) signalent de loin les villages africains. Même lorsque les villages disparaissent, ils sont indiqués par des bouquets de baobabs. En effet, l'espèce calcicole ne vient en peuplements naturels que sur les terrains calcaires. Du coup, le baobab est le signe certain d'anciens établissements humains.

L'arbre joue également un rôle social. En effet, il n'y a pas de plus grande injustice linguistique que celle qui a banalisé l'arbre social primordial désormais appelé l'« arbre à palabres », synonyme de lieu de paroles sans fin, voire de paresse. Car, assis sous l'arbre profitant de son ombrage, certains hommes ne vont plus au champ, ils paressent d'où le qualificatif de « lieu de paresse ». Mais en réalité, force est de reconnaitre que cet arbre joue un rôle noble et essentiel dans la vie de toute communauté africaine, en tant que lieu de concertation, de délibération, d'éducation et également de repos et de loisirs[90].

Nous constatons donc que selon que nous sommes dans un pays forestier ou dans un pays sahélien, les rapports entre l'arbre ou le groupe d'arbres et les populations sont différents. Dans les pays forestiers, l'arbre peut paraitre

---

[89] Cf. Sène, E. H. "Urban and peri-urban forests in sub-Saharan Africa: the Sahel", 1993, *Unasylva*, 44 (173): 45-51.
[90] *Idem.*

comme une gêne au point d'étouffer les populations ce qui entraine bien souvent son abattage. Autrement dit, l'arbre dans le milieu urbain n'apparait pas comme une nécessité qu'il importe de préserver dans le lieu d'habitation. Il devient donc une chose dont on peut facilement se débarrasser sans se soucier des conséquences que son absence peut engendrer. Cette approche peu favorable ou qui minimise toute nécessité d'avoir le boisé en milieu urbain et de le préserver, ne peut que rendre difficile la création de foresterie urbaine. Mais heureusement, ceci n'est qu'une difficulté qui est surmontable car de nos jours, force est de constater que nonobstant cette approche, dans nombre de villes dans ces pays forestiers d'Afrique, l'on peut apercevoir des boisés même s'ils sont assez mal entretenus faute de réelle politique de gestion. Dans les pays sahéliens, par contre, la raréfaction de l'arbre du fait de la nature commande la population à sa recherche, à le protéger et le préserver. L'approche est tout autre. Le bois ou l'arbre est valorisé. Il est synonyme de vie, de fertilité de la terre donc où la vie peut être possible.

1.2. Difficultés de mise en œuvre du système forestier urbain

La foresterie urbaine dans les pays en développement connait pratiquement les mêmes types de difficultés pour le développement. Le plus souvent, ces difficultés ou contraintes sont liées à des conjonctures politiques et sociales assez complexes, caractéristiques de l'état du niveau de développement bas de ces pays. La foresterie urbaine ou même l'arbre isolé ou en groupes sont généralement des laissés-pour-compte. Les citoyens, lorsqu'ils peuvent, entretiennent les arbres qu'ils ont plantés et se trouvant dans leur domaine privé. Toutefois, les arbres ou groupe d'arbres du domaine public ne font l'objet ni de planification, ni de recensement pour leur identification et leur utilisation éventuelle. De nombreuses faiblesses et contraintes du système forestier sont patentes, notamment, au niveau administratif et institutionnel, foncier, social et culturel, technique et environnemental.

1.2.1. Faiblesses administratives et institutionnelles

Contrairement à la foresterie rurale à laquelle est souvent dédié un ministère entier, celle au niveau urbain peine à être prise en charge par une administration spécifique. En effet, dans les pays en développement, aucun organisme ou aucune structure administrative ou technique de l'État n'est clairement identifié pour assurer la gestion de l'infrastructure verte en milieu urbain. Autrement dit, la responsabilité de la foresterie urbaine est mal définie, tant au niveau de l'État qu'au niveau de l'administration locale c'est-à-dire des municipalités. Ces dernières font souvent ce qu'elles peuvent avec leurs services techniques dont les actions sont la plupart du temps neutralisées car mal coordonnées avec celles de la direction des eaux et forêts. Le vide institutionnel en matière de foresterie urbaine est manifeste dans ces pays. En effet, la conscience de la responsabilité institutionnelle des administrations municipales dans ce domaine est faible ou quasi inexistante. Les administrations ont encore une vision très étroite de la foresterie urbaine, parce qu'elles n'ont encore pas compris toutes les retombées ou les nécessités des écosystèmes verts urbains. Du coup, l'importance de diversifier les objectifs de la foresterie et de la participation n'effleure pas encore leur esprit et si tel devait être le cas, les fonctions de détente et d'accueil intégreront loyalement les objectifs que s'assigneront les administrations municipales dans leur politique de création d'infrastructures vertes urbaines. Les années qui ont suivi leur décolonisation, dans la plupart des pays en développement d'Afrique, il y a eu des initiatives visant à faire prendre conscience de l'utilité et de la nécessité des forêts ou des boisements urbains. En effet, les années 1960 et 1970 ont été marquées, entre autres, dans ces pays, par la politique de sensibilisation des populations à la plantation d'arbres, avec tout le symbolisme et l'appel au patriotisme qui s'attache à l'arbre. Ainsi, il y avait les « Journées de l'arbre » et les « Semaines forestières » dont l'objectif était la promotion de l'arbre forestier, ornemental ou d'ombrage autour des maisons, sur les places publiques, le long des rues et des routes.

Mais force est de constater que, nonobstant tous ces programmes de promotion populaire en faveur de la foresterie urbaine et particulièrement des arbres, aujourd'hui, les villes en Afrique, et surtout les capitales, sont tristement dénudées d'infrastructures vertes. Le constat d'échec de tous ces programmes de promotion qui ont suivi la décolonisation trouve ses raisons dans le déficit institutionnel dont souffrent nos pays pour assurer la gestion et le suivi de la foresterie urbaine. Ce déficit est inéluctablement l'émanation des contraintes administratives qu'enregistrent les municipalités dans le domaine forestier urbain qui ne semble pas être une priorité. Celle-ci étant ailleurs, sans doute dans le logement où les besoins sont pressants et importants et dont la satisfaction se fait, hélas ! au détriment des arbres et des forêts qu'il faut donc dégager.

1.2.2. Faiblesses foncières et multiplication de l'habitat

L'exode rural que connaissent les pays en développement a pour corollaire la croissance démographique urbaine. Ceci entraine implacablement une bataille intense pour l'appropriation de terrains de construction à usage d'habitation qui a toujours une longueur d'avance sur les schémas directeurs d'aménagement. Il faut satisfaire l'afflux des nouveaux citadins, pour cela, ce sont les arbres et les forêts souvent naturellement crus qui en pâtissent, ils sont détruits sauvagement sans même que les municipalités ou les promoteurs se soucient d'en préserver pour le confort de vie ou même de remplacer les arbres abattus. Ceci dénote l'absence de préoccupations liées à la rationalité écologique des aménagements. Elles ont en tout cas pour le moment, peu de chance d'être prises en considération. Il y a une forte spéculation sur les terres qui s'est faite et continue à se faire au détriment des formations naturelles et/ou établies. C'est, par exemple, le cas à Abidjan où la forêt ou parc du Banco subit constamment ce phénomène, sans que les services forestiers en charge de sa gestion ne puissent rien faire pour empêcher la spéculation. La tendance est de construire partout, voire n'importe où. Même dans les lotissements des quartiers résidentiels, il est fréquent de voir le promoteur revenir quelques années plus tard pour « valoriser » les espaces verts ou autres espaces socio-éducatifs[91]. Pire, souvent même, les espaces réservés aux boisés ou à l'espace vert sont octroyés par la municipalité à des promoteurs ou à des individus en quête de terrain pour construire un commerce ou leur propre habitation. Tout ceci se fait bien entendu au mépris des règles en vigueur.

---

[91] Cf. Salah Rouchiche, *op. cit.*

Par ailleurs, les populations les plus pauvres, souvent issues de l'exode rural, trouvent refuge pour leur logis en périphérie des villes. Non seulement elles détruisent l'écosystème vert pour leur installation, mais sont pour la plupart réticentes à l'égard de tous projets ou programmes de reboisement ou de création d'espace vert. Il est donc clair que si de tels projets ou programmes sont exécutés malgré tout sans la participation de la population, ils sont perçus comme l'amorce d'une expropriation programmée. Évidemment, on peut alors imaginer qu'elle va détruire ou tout faire pour que ces infrastructures vertes ne réussissent pas.

1.2.3. Contraintes sociales et culturelles

Une forte majorité de citadins est issue du milieu rural. Il faut donc croire que l'arbre ou la forêt a bien une autre connotation qui n'est pas du tout celle que nous voulons leur faire croire. Du coup, il se pose un réel problème social et culturel qui s'observe à travers leur comportement vis-à-vis de l'arbre ou de la forêt en milieu urbain. En tout cas, c'est pour eux un véritable paradoxe qui fait penser à juste titre la réaction de certaines personnes du milieu rural lorsqu'elles voient en milieu urbain les gens manger la salade de batavia ou de laitue en entrée du repas. Pour eux, seuls les herbivores mangent les feuilles crues. Il en est de même ici, avec l'arbre ou la forêt en ville, en milieu habité, où dans la logique des ruraux, il faut se débarrasser de ces écosystèmes verts. Il n'est donc pas surprenant de constater le désintérêt des populations pour l'entretien des plantations collectives d'arbres réalisées en ville. Mais pour autant, les populations n'affichent pas le même désintérêt pour les arbres plantés dans leur cour ou dans leur propriété privée. Autant les arbres dans les concessions bénéficient du respect ou de l'entretien ou encore du respect des populations autant les plantations collectives d'arbres sont victimes de vandalisme, ou laissées-pour-compte, à la divagation des animaux domestiques et à de nombreux autres facteurs.

En réalité, cela n'est guère étonnant dès lors que pour le citadin issu du milieu rural et pauvre de surcroit, la plantation d'arbres se veut l'expression d'une forme d'appropriation, soit sous forme de tenure ou d'usufruit qui exclut les formations ligneuses du domaine public. À cet égard, il serait intéressant que la formule de coopérative qui est le socle du développement en milieu rural soit transposée dans le milieu urbain. Ce qui favoriserait le développement de la foresterie en milieu urbain. Mais force est de constater qu'il n'en est rien. C'est sans doute une piste à explorer dans la définition de politique en matière d'afforestation urbaine dans les pays en développement d'Afrique. Car, s'il est en effet reconnu que la participation active de la population locale constitue un élément essentiel au succès des efforts de foresterie urbaine, alors la formule de coopérative parait indéniablement un outil pour favoriser le développement de la foresterie urbaine. Mais malheureusement, nous constatons que, même s'il apparait que l'on peut compter au bénéfice de cette dernière certains résultats analogues à ceux des projets forestiers ruraux, la participation directe des populations avec les municipalités demeure inexistante ou si elle existe dans quelques rares pays sahéliens, elle est encore faible, ne dépassant pas le cadre restreint de l'organisation d'opérations ou plutôt de campagnes d'embellissement et de verdissement de la ville[92]. En tout

[92] Cf. Salah Rouchiche, *op. cit.*

cas, il faut admettre que la participation à l'essor de la foresterie urbaine est inéluctable. À cet égard, il est inéluctable de procéder fondamentalement à une révision des objectifs de choix, de mise en place, de gestion et d'aménagement des arbres et formations ligneuses établies sur des terres publiques.

1.2.4. Difficultés techniques et environnementales

Dans les pays en développement, généralement, les espèces qu'on retrouve souvent dans le milieu urbain sont connues des populations et il n'y a pas de problèmes majeurs dans leur culture. Généralement, il s'agit d'arbres qui remplissent des rôles divers dévolus à l'arbre urbain par les citadins épris de bien-être, tout comme de produits divers nécessaires à l'alimentation, la santé et la vie sociale. Ainsi :

Au plan technique, il est nécessaire de développer une sylviculture qui réponde non seulement aux conditions de vie des citadins, mais soit en mesure de prévenir certains effets secondaires indésirables de la foresterie urbaine et qui pourrait constituer à la fois une gêne pour les habitants et un ralentisseur ou un frein du développement des plantations ligneuses urbaines. En effet, par exemple, lorsque la sylviculture n'est pas adaptée, c'est-à-dire faite de manière anarchique, cela ne peut qu'aboutir notamment à :

- un développement excessif de certaines espèces qui, en particulier par leurs racines, constituent une menace pour l'habitat ;

- des boisés de taille mal définie et peu ou pas esthétique et moins efficace en termes de production de biens et/ou de services ;
- un conflit permanent entre l'arbre et diverses infrastructures sociales (réseaux d'électricité, de téléphone et d'eau), qui engendre souvent, par exemple, des perturbations au détriment de la population[93].

Au plan environnemental, la gestion déficiente de la salubrité en ville décourage la plantation d'arbres dans certains cas, pour ne pas accroître les nombreuses nuisances vécues. En effet, face aux nombreuses décharges sauvages d'ordures ménagères que l'on rencontre souvent dans les quartiers et des eaux usées stagnantes faute de canalisations inexistantes ou mal entretenues et donc bouchées, les arbres deviennent alors le nid idéal où se développent les moustiques et d'autres insectes nuisibles à la santé humaine. Cette contrainte environnementale constitue un handicap sérieux pour l'essor de la foresterie dans le milieu urbain qui devient ainsi une source de peur et d'angoisse pour les citadins. Cette image que peuvent ainsi faire les citadins de la foresterie qui, en réalité n'en est rien, impose aux municipalités ou aux administrations en charge du développement de leur ville à gommer cette vision négative que les populations urbaines ont tendance à avoir de la foresterie en ville et à mettre en place une véritable politique aux fins de promouvoir les infrastructures vertes pour assurer le développement durable de leur ville.

[93] *Idem.*

II. Promotion des infrastructures vertes pour un développement durable urbain

La foresterie urbaine a un rôle potentiel déterminant à jouer face aux enjeux du développement urbain. Les municipalités ou autres gestionnaires des agglomérations, face à l'augmentation sans cesse du nombre de leurs administrés, doivent satisfaire à leurs besoins physiques et matériels. Ceci, d'autant plus que face au taux de croissance de la démographie urbaine, ne cesse d'évoluer dans le même temps le taux de l'urbanisation.

Il y a donc une double croissance face à laquelle la création de forêts et d'espaces boisés doit être désormais partie intégrante de tout plan d'aménagement du milieu urbain. Dès lors qu'il est de plus en plus admis que la forêt urbaine est considérée, à juste titre, comme une composante vivante et dynamique de l'infrastructure municipale. Mais aussi que les arbres urbains restent garants d'un environnement de qualité, de l'air que l'on respire dans les villes. Nous comprenons alors aisément que tout développement urbain durable doit être un développement articulé de la foresterie urbaine pour un mieux-être des citadins.

Il apparait donc important de définir des outils de valorisation du patrimoine vert urbain adaptés à chaque pays selon que l'on soit dans les pays développés ou dans ceux en développement. Le but de tels outils étant de rassembler les citoyens dans les villes autour d'une passion commune : celle pour la forêt urbaine. La finalité est assurément de répondre à la qualité de vie des citadins, mais c'est aussi, et surtout, pour une meilleure protection de l'environnement en milieu urbain notamment, la lutte contre le changement climatique, la pollution atmosphérique et autres nuisances auxquelles les villes du monde entier sont de plus en plus confrontées. Il convient d'abord de répertorier de manière non exhaustive quelques outils nécessaires aux municipalités pour assurer une meilleure intégration de la forêt urbaine dans leur politique d'aménagement. Ensuite, nous nous évertuerons à formuler quelques recommandations dans la perspective d'une véritable institutionnalisation des écosystèmes verts dans nos villes.

2.1. Outils d'intégration de la forêt urbaine et d'espaces verts dans la politique d'aménagement

La responsabilité, pour assurer la protection et la bonne santé du patrimoine forestier urbain, est partagée par tous. Toutefois, pour remplir pleinement et efficacement ses devoirs dans ce domaine, la municipalité doit se doter d'un ensemble d'outils pour mieux préserver l'infrastructure verte. D'abord, il importe de recourir à des outils pour renforcer les infrastructures vertes déjà existantes ensuite, il parait opportun de mettre en place des outils d'incitations ou de sensibilisation de la communauté.

2.1.1. Outils de renforcement des infrastructures vertes existantes

Afin de renforcer les infrastructures vertes qui existent déjà, il convient à la fois de se doter de moyens pour les préserver et élaborer des plans de planification et de gestion des forêts.

2.1.1.1. Outils de préservation du patrimoine forestier urbain

La forêt ou les arbres lorsqu'ils existent déjà dans la ville, ils nécessitent un entretien ou une surveillance constante afin d'éviter qu'ils ne disparaissent. La municipalité en a donc la charge.

2.1.1.2. Plans de planification et de gestion des forêts

Il n'y a pas un plan spécifique de gestion des forêts urbaines. Il peut y en avoir de multitudes mais pourvu qu'ils répondent au contexte, c'est-à-dire pourvu qu'ils soient adaptés à l'endroit où ils sont déployés. En effet, un plan défini dans un pays développé peut ne pas forcément être efficace dans un autre pays développé et encore moins dans un pays en développement. Toutefois, il y a des standards sur lesquels le plan, quel que soit le lieu où il est défini, peut être efficace ou répondre aux objectifs que l'on se fixe pour le maintien du couvert forestier urbain existant.

D'abord et avant tout, il importe d'admettre et de reconnaitre l'importance des retombées positives ou des bienfaits de la forêt urbaine et sa place dans le développement social, économique mais surtout écologique d'une ville. Il s'agit là d'un préalable devant conduire à la nécessité de la mise en place du plan de gestion d'une forêt urbaine. Celui-ci pouvant définir des éléments d'action en matière de gestion de forêt urbaine et un certain nombre d'objectifs à atteindre. Ainsi, on peut donc :

- chiffrer la superficie de la couverture arborée à atteindre par rapport à la surface urbaine dans un laps de temps donné. Soit, par exemple, 40 à 45 % de la surface urbaine doivent être couverts par la foresterie. Il faut alors intégrer cet objectif dans les différents projets d'aménagement jusqu'à ce qu'à une date donnée, l'objectif ainsi fixé soit réalisé. Pour cela, la rigueur et surtout de la volonté doivent être de mise ;

- définir une base de données d'information sur la forêt urbaine. Ceci doit avant tout permettre de répertorier tous les secteurs à arborer sur l'ensemble de la superficie urbaine. Ainsi, seront recensés les secteurs déjà arborés ou couverts par des infrastructures vertes et les caractéristiques des arbres, mais également les secteurs restants à couvrir ou à planter ;
- définir des politiques publiques devant permettre la préservation et le développement de l'arborisation du milieu urbain. L'actualisation du ou des programmes des espaces boisés de la municipalité est nécessaire tout comme la mise à jour des différentes réglementations relatives à la plantation d'arbres ou à la création d'infrastructures vertes ;
- concevoir et fournir les outils nécessaires à la définition d'une vision globale et à long terme sur la foresterie urbaine ;
- établir des règles et des pratiques de protection, de gestion et d'entretien appropriées et soutenir la recherche appliquée ;
- affecter au secteur de la foresterie des moyens financiers conséquents et développer des ressources humaines suffisantes et nécessaires pour en assurer le fonctionnement ;
- accroître les plantations, selon le principe du bon arbre au bon endroit, dans le but d'augmenter le capital arboricole.

Toute politique forestière urbaine doit se mettre en place à partir d'un plan de verdissement de la ville. Car celui-ci en constitue le principal outil de planification et de gestion de l'ensemble de la végétation. Il doit encadrer toutes les interventions relatives aux arbres publics.

2.1.2. Outils d'incitation ou actions de sensibilisation en direction de la Communauté

Le patrimoine forestier urbain ne peut se constituer sans l'adhésion populaire. Cette dernière peut être effective que si des activités d'information et de sensibilisation sont menées en direction de la population en vue de favoriser son adhésion à la cause du développement et de la protection du patrimoine arboricole en milieu urbain. Autrement dit, les citoyens, les promoteurs immobiliers, ainsi que les partenaires privés et institutionnels, tout comme les associations doivent être informés, mobilisés et sensibilisés autour de la nécessité du développement et de la protection de la foresterie urbaine. Ainsi dans le milieu associatif, il conviendrait de mener des activités de diffusion, pour favoriser l'émergence et l'action d'organismes voués à la conservation et à la mise en valeur de l'arbre dans les quartiers qui en sont dépourvus et pour soutenir les initiatives en matière de conservation, d'éducation et de diffusion. Si nécessaire, dans le milieu scolaire, il faut porter la sensibilisation auprès des enseignants et élèves en menant des opérations de sensibilisation destinées tout particulièrement aux enfants.

Force est donc de constater que le citoyen apparait comme un intervenant de premier plan dans le développement et la conservation des arbres tant publics que privés. Il importe donc d'accroître la visibilité des interventions exemplaires et de mettre à profit la connaissance et la vigilance du citoyen pour préserver ces arbres. La responsabilité du citoyen à l'égard de la foresterie, et particulièrement des arbres, est donc grande. Il doit en être informé tout comme il doit être informé de la mise en œuvre de la politique arboricole définie. Cette campagne d'information peut se faire au moyen d'outil de communication adapté au pays ainsi, par exemple, dans les pays développés, les outils appropriés sont, entre autres, les dépliants ou les brochures et par l'intermédiaire d'Internet. Dans les pays en développement, en sus de ces outils, il serait judicieux de recourir également aux communications radiophoniques et audiovisuelles, pour atteindre un plus grand nombre de populations. Le rôle des médias ne doit donc pas être négligé. Ils doivent mener des actions de promotion et de diffusion des connaissances en arboriculture. Ceci pourra contribuer à alimenter la réflexion collective sur le patrimoine arboricole.

En somme, le développement de la foresterie urbaine passe véritablement par la sensibilisation accrue de la population à la gestion de la forêt urbaine. Il s'agit d'accroitre la prise de conscience de la population et son implication dans la gestion des forêts et des arbres urbains. Pour y parvenir, un soutien financier aux initiatives publiques et privées, des actions de sensibilisation, des ateliers de plantation, des activités culturelles, sportives et pédagogiques en lien avec la forêt paraissent nécessaires. Car ne dit-on pas qu'une communauté bien informée et sensibilisée est une assurance de sauvegarde et de protection du patrimoine forestier urbain ?

Si la sensibilisation et la communication en direction de la population sont nécessaires, force est d'admettre qu'au sein même de l'administration ayant la gestion de la foresterie urbaine notamment, la municipalité, un effort accru de sensibilisation paraît tout aussi nécessaire. À cet égard, il importe de procéder à la :

• formation du personnel municipal dont le rôle sera de renseigner et d'informer le public ;
• sensibilisation des décideurs municipaux à l'importance et au rôle de l'arbre ;
• création de mécanismes de formation continue pour tout le personnel intervenant en arboriculture et en aménagement du territoire.

Tous les services municipaux ou services d'aménagement urbains au plan national, doivent tous accéder à la connaissance et à l'information. Autrement dit, il faut permettre à tous ces services l'accès à l'ensemble des outils d'intégration des infrastructures vertes urbaines dans la politique d'aménagement des villes. Au plan national, une collaboration de travail et d'échange de connaissances est plus que souhaitable entre les gestionnaires du patrimoine vert urbain.

2.2. Observations et recommandations

S'il est de plus en plus admis que le mieux-être et le bien-être en milieu urbain reposent désormais sur, entre autres, la foresterie urbaine et les espaces verts, il semble alors important que les municipalités ou toutes autorités en charge de la gestion des villes définissent à la fois une politique cohérente, adaptée en la matière et adoptent des règles de coercition pour une meilleure protection du patrimoine forestier urbain.

De telles dispositions doivent éclairer les populations et particulièrement les citadins sur les gestes et les actions à mener collectivement et individuellement, pour assurer aux générations présentes et à celles à venir de vivre dans un environnement métropolitain où la verdure a ses pleins droits auxquels il convient à tous de se conformer. Il y va d'ailleurs pour le développement durable des milieux urbains de plus en plus pris d'assaut par les populations en quête d'emploi et autres besoins de survie.

Il importe de formuler quelques recommandations devant contribuer à une meilleure promotion des infrastructures vertes en ville. Mais il convient de faire quelques observations utiles succinctes.

2.2.1. Observations

Parce que nous ne pouvons pas empêcher ou freiner l'afflux des populations vers les villes qui attirent en effet de plus en plus de monde au détriment des campagnes ou des zones rurales, il s'impose à cet égard aux municipalités une planification urbaine. Cette dernière devant tenir de plus en plus compte de besoins d'espaces verts urbains et de forêts de proximité pour rendre plus agréable la vie citadine.

Nous observons deux situations, d'une part, dans les pays développés et, d'autre part, dans ceux en développement. Dans l'une ou l'autre de ces situations, la prise en compte du patrimoine vert en milieu urbain ne fait pas l'objet de manifestation d'une même volonté. Ainsi, dans les pays développés, force est de constater que beaucoup de choses ont été faites et se font surtout dans les milieux urbains en faveur du patrimoine vert de manière générale même s'il reste encore beaucoup d'autres choses à faire notamment, accroitre la superficie de la foresterie urbaine ou le nombre de boisés urbains, maintenir les infrastructures vertes existantes. Dans les pays en développement, par contre, dans la quasi-totalité des cas, force est malheureusement d'observer que la priorité est ailleurs. Autrement dit, les besoins prioritaires du développement urbain font fi des préoccupations de création de patrimoine vert. Il est donc évident que la plupart de ces pays ne puissent pas disposer de politique pour promouvoir la création d'espaces boisés dans leurs milieux urbains et encore moins disposer de politique forestière urbaine.

Il apparait donc que dans chaque type de pays, tant dans les pays développés ou dans ceux en développement, les villes ont toutes besoin nécessairement d'accroitre leur couvert forestier urbain, les espaces verts ou le nombre de boisés urbains. Il est alors impératif de définir une politique de foresterie urbaine et se doter de dispositions juridiques adéquates pour une meilleure cohabitation entre le patrimoine vert et la population.

Toutefois, pour que cette cohabitation soit parfaite et sans accrocs, il est essentiel que dans les domaines de l'urbanisme, du Schéma d'aménagement et du développement, en matière de zonage et de lotissement des espaces urbains, l'ensemble des dispositions politiques et juridiques intègrent les préoccupations vertes devant être une conditionnalité de réalisation de tout ouvrage en milieu. Ainsi, par exemple, tout promoteur immobilier doit être soumis à une obligation de création d'espace vert ou de plantation d'arbres. Par ailleurs, la participation, voire l'implication de tous notamment, décideurs et élus, fonctionnaires et employés municipaux, citoyens, propriétaires privés, institutionnels et commerciaux, promoteurs, est fondamentale. Tous doivent respecter et préserver l'écosystème vert urbain en tant que patrimoine commun.

L'importance de boisés, d'espaces verts ou encore mieux de forêt en milieu urbain étant bien révélée à travers les développements susvisés, il importe à cet égard de formuler quelques recommandations appropriées aux fins de permettre chaque pays, selon son niveau de développement et sa situation, de se doter ou de développer de véritables infrastructures vertes en milieu urbain pour le bien-être des populations dans un environnement sain.

2.2.2. Recommandations

Les recommandations non exhaustives, que nous formulons ci-après, sont des indications en vue de permettre aux municipalités ou autres gestionnaires des villes de définir ou d'améliorer leur politique d'aménagement urbain en mieux intégrant et développant les infrastructures vertes nécessaires pour un mieux-être urbain. Chaque ville ou du moins les autorités ayant pour charge la gestion des villes, selon leur localité, peuvent s'inspirer de ces recommandations et les adapter au mieux à leur contexte.

Pour développer et conserver la foresterie sur le territoire urbain, des recommandations sont formulées. Nous en faisons une compilation que nous rapportons dans le cadre de cette étude. Chaque pays peut choisir celles qui correspondent le mieux à son contexte et l'y adapter. Nous observons trois niveaux de recommandations :

2.2.2.1. Au plan juridique

Au niveau juridique, les recommandations peuvent s'agir de :

- resserrer la réglementation afin de mieux protéger les arbres urbains existants ;
- se doter d'un système juridique susceptible d'encourager la population à créer et maintenir des espaces verts. Il faut donc éviter de dissuader les initiatives privées en matière de création de foresterie privée ;
- hausser les amendes pour abattage illégal à un niveau dissuasif ;
- imposer des règles optimales de protection et d'entretien des arbres ;
- mettre en place des mesures de lutte contre les ravageurs, contre la maladie hollandaise de l'orme et contre toutes autres nuisances pour le développement des arbres ;
- faire constamment une mise à jour des clauses des devis à l'égard de la protection des arbres ;
- établir des mesures coercitives de protection des espaces naturels verts ;
- exiger la présence d'un professionnel de l'arbre sur les chantiers de construction lors des étapes stratégiques ;
- imposer la mise en œuvre, lors d'un lotissement, pour les voies primaires, secondaires et tertiaires, un programme municipal de plantation d'arbres d'alignement sur terrains privés conformément à la réglementation en vigueur ;
- contrôler le déboisement lors des lotissements par l'adoption d'un dispositif règlementaire de zonage relatif à la conservation des arbres ou d'espaces boisés lors d'un lotissement et surtout veiller à l'effectivité de son application ;
- prendre des mesures de protection des arbres lors des ouvertures de rues. À cet égard, exiger l'élaboration

d'un rapport mettant en relief le respect des mesures susmentionnées ;

- définir une réglementation sur l'abattage des arbres en milieu urbain pour assurer le contrôle de l'abattage lors des travaux de construction ;
- soumettre tout abattage des arbres à autorisation, voire à la délivrance d'un permis par des agents municipaux formés pour la circonstance ;
- assurer une surveillance adéquate du respect des conditions du règlement sur l'abattage des arbres lors des travaux de construction effectués à proximité des arbres ;
- règlementation rigoureuse des droits usages sur les infrastructures végétales ;
- soumettre l'exercice des droits d'usage, quels qu'ils soient, dans les espaces végétaux à autorisation formelle des autorités compétentes ;
- faire de la création d'espaces verts, une conditionnalité dans les occupations du sol en milieu urbain. Les promoteurs immobiliers particulièrement doivent intégrer dans leur projet de construction un programme de création d'espace vert ;
- réglementer auprès des collectivités locales, la création d'espaces verts notamment, les parcs, les espaces boisés, la plantation d'arbres en bordure des rues et routes et les forêts urbaines ;
- veiller à l'application effective de la politique déterminant le pourcentage de l'indice moyen de canopée dans chaque localité.

2.2.2.2. Au plan politique

Les recommandations au plan politique peuvent s'agir de :

- déterminer un pourcentage conséquent de l'indice moyen de canopée qui pourrait au moins être égal à 40 % ;
- concevoir un plan détaillé de plantations d'arbres et d'aménagement d'un réseau d'activités vertes, notamment de promenades vertes ;
- adopter un plan de lutte contre les changements climatiques intégrant l'enjeu de la forêt urbaine ;
- mettre en place un plan de promotion et d'éducation visant les citoyens et les professionnels ;
- collaborer avec les organismes ayant une expertise en santé publique et en aménagement durable du territoire.
- définir des critères objectifs de sélection des espèces. Par exemple, en matière de profils de biodiversité, ne pas dépasser, dans un même lieu, plus de 10 % d'arbres de la même espèce.
- mettre en œuvre un programme de suivi des arbres, surtout ceux à risque, en fonction des profils locaux de la forêt urbaine ;
- mettre en place des mesures d'entretien des arbres, tout en modulant les cycles d'entretien en fonction des profils locaux de la forêt urbaine ;
- implanter une culture de protection des arbres lors des chantiers de construction, c'est-à-dire : Planifier des séances de formation et d'échanges avec les ingénieurs, les techniciens de la ville et les spécialistes consultants pour solliciter leur collaboration et établir des mécanismes à cet égard ;
- assurer la bonne gestion des arbres en développant le système informatique comme outil de gestion : à cet égard, faire l'inventaire des arbres et saisir les données dans un logiciel conçu à cet effet ; bonifier le

système pour augmenter sa performance dans la saisie des données, les recherches, les analyses, etc. ; et assurer la formation continue des membres de l'équipe technique ;

- procéder au verdissement des quartiers mal pourvus en fait d'arbres, poursuivre la plantation d'arbres prioritairement sur l'emprise municipale, et ce, même pour les voies locales ;
- procéder à une planification plus fine des plantations en fonction des quartiers, zones, ou arrondissements mal pourvus ;
- poursuivre la recherche sur les outils qui permettraient à la ville de mettre en place des mesures additionnelles de protection des arbres et des mesures compensatoires applicables aux promoteurs ;
- œuvrer pour obtenir la participation des populations. Pour cela, sensibiliser les citoyens aux bienfaits des arbres en milieu urbain et mettre en œuvre des activités de transfert de connaissances par le biais des différents moyens de communication. Notamment : Internet (le site web de la municipalité si elle en a un, les dépliants, la radio et la télévision) ;
- prendre part aux événements grand public et à ceux portant sur l'arbre urbain et en y tenant des ateliers de démonstration et des cours pratiques sur divers aspects relatifs à la plantation, à l'entretien et à la protection des arbres ;
- mettre en œuvre des programmes de soutien en matière de distribution et de plantation d'arbres associés aux naissances ;
- mettre en place un outil de formation continue du personnel directement concerné par la réglementation applicable et les autres aspects relatifs aux arbres et à la forêt urbaine ;

- assurer le bon choix des espèces selon l'environnement ou le climat du pays ou du territoire concerné. Par exemple, dans les pays sahéliens d'Afrique, le choix doit porter sur des arbres résistant à la sécheresse et adaptés à l'environnement. Ainsi, il faut des espèces peu gourmandes en eau ;
- intégrer l'éducation en matière de foresterie urbaine à différents niveaux, de l'école primaire jusqu'à l'université. À cet égard, il conviendrait de renforcer la coordination entre le ministère de l'Éducation et les autorités forestières pour mettre au point des programmes de formation en foresterie urbaine performants ;
- intégrer le boisement urbain comme élément de formulation de la stratégie de protection et lutte contre la dégradation de l'environnement urbain ;
- planifier et organiser des programmes de recherche en matière écologique, sylvicole, horticole et de foresterie urbaine particulièrement dans la sélection d'essences forestières à usages multiples et en faveur de l'environnement ;
- mettre au point et réaliser des programmes systématiques de formation spécialisée en matière de foresterie urbaine à l'intention des chercheurs et des responsables de la recherche ainsi que des urbanistes ;
- entreprendre des projets de boisement urbains ;
- rétrocéder dans la mesure du possible certains espaces boisés ou parcs aux privés ;
- promouvoir l'agriculture urbaine. Il s'agit d'un besoin qui se fait de plus en plus sentir dans les villes. Ainsi, la question de l'utilisation de produits forestiers urbains non ligneux se pose avec acuité. Ce qui dénote la nécessité de fournir des arbres comestibles en milieu urbain lorsque cela est possible.

2.2.2.3. Au plan stratégique de sensibilisation ou d'incitation

La définition de stratégie de sensibilisation et d'incitation parait nécessaire. À cet égard, il convient de :

- privilégier l'utilisation d'essences indigènes typiques des écosystèmes du milieu environnant ;
- renforcer la démarche d'information et de sélection d'arbres auprès des spécialistes ;
- favoriser l'engagement de la ville dans des projets de recherches portant, entre autres, sur la lutte contre la maladie hollandaise de l'orme ou toutes autres maladies qui tuent les arbres ou les jeunes plantes et la récupération du bois infecté ; l'usage de tomographe à onde sonore comme outil de diagnostic et d'identification des arbres à risque ;
- diffuser des affichettes de porte en porte mentionnant les mesures de protection et d'entretien des arbres. Cette diffusion doit surtout se faire dans l'environnement où ont lieu des travaux d'entretien et de réparation d'infrastructures ;
- produire, dans un cadre général, des affiches à mettre sur les chantiers de construction pour un engagement public à l'égard de la protection des arbres et de toute végétation ;
- élaborer une stratégie de sensibilisation en direction des entrepreneurs ;
- identifier les arbres exceptionnels ou remarquables tant publics que privés du fait de leurs particularités. Compte tenu de leurs caractères particuliers, il convient que les propriétaires de ces arbres bénéficient de soutien technique et même d'aide financière dès lors que ceux-ci ont la responsabilité de veiller sur de tels patrimoines naturels. Car il faut

admettre que leur rareté, leurs dimensions, leur position, leur âge également ou encore leur force symbolique font de ces arbres des patrimoines naturels, culturels et paysagers.

CONCLUSION

Nous sommes tous d'avis, au terme de cette étude qui nous revêt les extraordinaires aménités des forêts, des espaces verts et boisés qui parsèment le milieu urbain et offrent aux citadins la vie apaisante qu'ils réclament et dont tout être humain a, à juste titre, besoin, que les infrastructures vertes constituent indéniablement le meilleur moyen de lutte contre les pollutions auxquelles la plupart des villes sont exposées. Il est sans équivoque que ces infrastructures sont une chance notable pour les villes en termes d'environnement, de mieux-être et bien-être de vie et d'attraits pour les résidents.

Notre étude montre en effet la nécessité d'intégrer le patrimoine vert naturel que l'on rencontre ordinairement en milieu rural, dans les politiques de développement de nos villes. Mais malheureusement, nous observons encore aujourd'hui qu'inexorablement, les aires boisées, lorsqu'elles existent préalablement dans les villes, sont remplacées par le bâti résidentiel, commercial, institutionnel et industriel, sans parler de leur fragmentation par le réseau routier. Nous constatons tout simplement dans la plupart des cas que les gestionnaires de nos villes n'accordent toujours pas la primauté suffisante et nécessaire aux infrastructures naturelles dans leurs plans ou politiques de développement des villes dont ils ont la gestion. Généralement, cette attitude des décideurs publics municipaux ou autres gestionnaires de nos villes est souvent motivée par les pertes économiques à court ou moyen terme de la ville. Cette motivation n'est pas soutenable dès lors que généralement, « les coûts engendrés par le manque de sensibilisation desdits décideurs aux questions écologiques sont généralement externalisés vers les systèmes de santé, d'assurances collectives, voire en définitive vers le contribuable »[94].

Par ailleurs, il apparait clairement dans cette étude que les forêts, espaces verts et boisés produisent et offrent à bien des égards aux citadins de la valeur des biens et services en termes de prestation et de remplacement, qui pourrait être comptabilisée ou prise en compte dans les budgets annuels de fonctionnement des municipalités ou dans leurs plans triennaux d'investissement.

En clair, le transfert ou le détour de la forêt, des espaces verts et des boisés du milieu rural vers l'espace urbain, est désormais une question vitale pour les populations citadines d'abord, et pour le reste de la population du pays concerné en suite. Tout porte ainsi à admettre que le patrimoine naturel vert, avec tous les éléments qui le caractérisent, a pleinement sa place en ville pour la qualité de vie et donc pour le mieux-être des habitants.

Si la protection des forêts rurales ou primaires semble être, loin sans faute, un véritable casse-tête dans les pays forestiers tropicaux notamment dans les pays en développement où les dispositions juridiques et politiques paraissent peu efficaces, il faut se convaincre qu'en milieu urbain, l'application du dispositif juridique soutenu par une volonté politique pour la protection et la sauvegarde de la forêt urbaine semble être plus efficace. En effet, les enjeux étant différents d'un milieu à un autre.

C'est une opportunité, d'élaborer de véritables politiques forestières urbaines et des législations par l'adoption de réglementations juridiquement contraignantes pour réveiller la conscience de tous, particulièrement celle des

---

[94] DÉSY, J. et TREMBLAY, G., *op. cit.*

gestionnaires de nos villes, vis-à-vis des bienfaits des infrastructures vertes en milieu urbain. Il s'agit dans cette perspective d'inciter à promouvoir et favoriser la présence de ces infrastructures en ville et surtout faciliter la cohabitation avec elles en ralliant la population autour d'une passion commune. Ainsi, chacun doit se sentir concerné et s'intéresser au patrimoine naturel vert avec lequel cette cohabitation se fera dans le respect vis-à-vis dudit patrimoine. C'est assurément à cet égard que nous parviendrons à doter efficacement et effectivement nos villes d'écosystèmes verts ou de renforcer l'existant.

La forêt en milieu urbain avec tout ce qui la compose – notamment, les arbres, les animaux, les cours d'eau et l'ensemble des biodiversités de toute sorte – a-t-elle sa place en ville ? Une telle interrogation trouve sa réponse à travers les rôles et fonctions des infrastructures naturelles comprenant la forêt et l'ensemble des espaces verts et boisés en milieu urbain qui démontrent les liens inextricables entre la Nature et l'humain, entre l'environnement, le social et l'économique. C'est indubitablement à l'affirmatif que nous répondons à cette interrogation. En effet, colorant le paysage de nos rues, assainissant l'air que nous respirons, faisant obstacle au bruit et filtrant la lumière provenant des éclairages artificiels, les forêts et les arbres isolés rendent vivant notre environnement et contribuent, de façon exceptionnelle, à la qualité de vie en ville[95].

La forêt n'est pas uniquement un apport économique, elle est aussi un apport précieux à notre bien-être. Il n'est pas

[95] Pour illustration, nous pouvons nous référer à la qualité de vie que nous offrent, grâce aux infrastructures vertes, certains États, comme Maryland, Washington DC, Virginie aux États-Unis d'Amérique, ou Montréal au Canada en passant par la Californie et de nombreux autres États aux USA.

exagéré de dire à cet égard qu'il est de la responsabilité des gestionnaires de nos villes de maintenir une forêt urbaine saine afin que les générations futures bénéficient de la qualité de vie à laquelle elles ont droit. Ceci doit être une obligation à laquelle nous devons tous – gestionnaires comme populations – nous soumettre.

Notes bibliographiques

Ouvrage :

James George Frazer, *Le Rameau d'or*, Éd. Laffont/Bouquins, tome I, 1981.

Rapports, documents, conventions, notes : (Rapports, guides, études)

FAO (Organisation des Nations Unies pour l'alimentation et l'agriculture) : « Évaluation des ressources forestières mondiales 2020 : Principaux résultats », Rome, 2020.

FOGEFOR du Limousin (France), « La forêt : essai de définition », 22 février 2011.

Jorgensen, E., "Towards an urban forestry concept", compte rendu de la 10e Conférence forestière du Commonwealth, Ottawa, Forêts Canada, 1974.

Deneke, F., "Urban Forestry in North America: Towards a Global Ecosystem Perspective", p. 4-8. Dans Blouin, G. et Comeau, R. [éditeurs]. Compte rendu de la 1re Conférence canadienne sur la forêt urbaine, du 30 mai au 2 juin 1993. Winnipeg MB. 151 p.

Carter, E. J., « L'avenir de la foresterie urbaine dans les pays en développement : un document de réflexion », Rome, Département des forêts de la FAO, 1995, 95 p.

Anne Diraison, « Les droits de l'arbre, aide-mémoire des textes juridiques », France, 2003.

Hillion P. « Le Louarn », in *L'arbre de l'objet naturel à l'objet juridique*. Colloque régional de l'arbre, 22/11/2011, Université de Rennes II, France.

Berliner and Elrich, "Streets and Roads, Roadside trees protection revised: 7-23-2013, effective March 1", 2014, County council for Montgomery County, Maryland, USA.

Profous, G. V. and Loeb, R. E. (1990), "The legal protection of urban trees: A comparative world survey", 1995.

Jane Carter, "The potential of urban forestry in developing countries: a concept paper", Chapter 7: Institutional aspect, 1995.

Guy Bussières, « Fonctions de l'arbre en milieu urbain », in *Les rôles de l'arbre en ville*, notes de cours, chapitre 2, Université Laval, Québec, 2006.

Société de l'arbre du Québec, *Des arbres pour vivre en santé. Guide pour la réalisation de projets de plantation,* Québec, 1998, 20 p.

Monty, J. L., « Fondation canadienne de l'arbre, Communication à la 7e Conférence canadienne sur la forêt urbaine », les 11-12-13 octobre 2006 à Québec.

Lessard, G. E. Boulfroy, « Les rôles de l'arbre en ville, Centre collégial de transfert de technologie en foresterie de Sainte-Foy (CERFO) », Québec, 2008, 21 p.

Désy, J. & Tremblay, G., « Quels rôles pour les espaces verts et la forêt dans la ville de demain ? », *in* Gagnon, C. (éd.), *Guide québécois pour des Agendas 21ᵉ siècle locaux : applications territoriales de développement durable viable*, 2013.

Jean Lamontagne, « Importance de nos arbres », in *Abroquébec*, Longueuil QC, Canada.

Convention sur la diversité biologique adoptée lors du Sommet planétaire de Rio de Janeiro, Brésil, juin 1992.

Salah Rouchiche, « La foresterie urbaine et périurbaine en Afrique, étude de cas sur le Sahel (Dakar, Niamey, Nouakchott et Ouagadougou) », *in Archives de document de la FAO, Département des forêts*, 1993.

Revues :

Thierry du PELOUX, « Définition juridique de la forêt », in Revue *Forêt de France* n° 512, avril 2008.

EIZNER Nicole : « La forêt, archétype de la nature », in *La Forêt, les savoirs et le citoyen. Regards croisés sur les acteurs, les pratiques et les représentations*. Le Creusot, Éditions ANCR, 1995.

Barbara M.G.S. Ruis, « Les Conventions mondiales relatives aux forêts », Faculté de droit de l'Université de Vrije, Amsterdam (Pays-Bas), in *Unasylva*, n° 206, 2001.

Spathelf, 2000, in « FAO, les arbres hors forêts – vers une meilleure prise en compte », *Cahier FAO*, Conservation 35, 2001.

Kinara, 1993, in « FAO, les arbres hors forêts – vers une meilleure prise en compte », *Cahier FAO*, Conservation 35, 2001.

Garcia, C., Pascal, J.-P., Kushalappa, C. G., « Les forêts sacrées du Kodagu en Inde : écologie et religion », in *Bois et forêts des tropiques*, n° 288, 2006.

Sène, E. H., "Urban and peri-urban forests in sub-Saharan Africa: the Sahel", *Unasylva*, 44 (173), 1993.

Textes juridiques :

1) Lois :

Loi sur l'aménagement et l'urbanisme (L.R.Q., c. A-19.1), 1991, Québec, Canada.

Loi de 2000 sur les forestiers professionnels, L.O. 2000, Canada.

Code de l'urbanisme, France.

Code de l'environnement, France.

Code civil du Québec.

Code civil français.

Loi n° 93-24 du 8 janvier 1993, France.

Législation forestière de la République de la Gambie, 1998.

2) Décret :

Décret n° 77/1133 du 21 septembre 1977, modifié par décret du 9 juin 1994, pour l'application de la loi du 10 juillet 1976.

3) Circulaire :

Circulaire du 18 janvier 1971 relative à la taxe sur le défrichement, France.

4) *Autres textes juridiques ou réglementaires*

Dispositif juridique et réglementaire des programmes de développement dans le Comté de Montgomery dans l'État du Maryland aux USA.

Recueil des Lois et des Règlements du Québec (RLRQ), Canada.

5) Arrêts et décisions juridiques

SIERRA CLUB c. Morton/405 727. Cour suprême des USA, 19 avril 1972.

CE 4 mai 1988 : Sauveur Cordoso, France.

Lien internet :

http://www.treecanada.ca/programs/urbanforestry/cufn/resources_bmpfr.html.

Glossaire

Biomasse :

Les Gaz à Effet de Serre (GES) : Ce sont des gaz qui absorbent une partie des rayons solaires en les redistribuant sous la forme de radiations au sein de l'atmosphère terrestre, phénomène appelé effet de serre. À ce jour, selon le Groupe Français Intergouvernemental d'Experts sur l'Évolution du Climat (GIEC), l'on recense plus d'une quarantaine de gaz à effet de serre parmi lesquels figurent : la vapeur d'eau (H_2O), le dioxyde de carbone (CO_2), le Méthane (CH_4), l'Ozone (O_3), le protoxyde d'azote (N_2O), l'hydrofluorocarbures (HFC), le perfluorocarbures (PFC) et l'hexafluorure de soufre (SF6).

Nécromasse :

Masse de matière organique morte présente dans une parcelle, un volume ou un écosystème donné. Cette notion renvoie à celle de biomasse qui désigne la matière organique vivante où elle joue un rôle important dans le recyclage et pour les puits de carbone, la texture, structure et fertilité des sols notamment l'humus et le recyclage des nutriments. La nécromasse inclut, outre les cadavres d'origine animale, végétale, fongique ou microbienne, tous les déchets produits par les êtres vivants, s'ils sont constitués de matière organique :

– pour les animaux : excréments solides et liquides, mucus, mues, etc.

– pour les végétaux : troncs, branches, racines, feuilles, fruits morts, etc.

Puits de carbone :

Puits de carbone ou puits CO_2 est un réservoir, naturel ou artificiel, de carbone qui absorbe le carbone atmosphérique et donc contribue ainsi à diminuer la quantité de CO_2 présent dans l'atmosphère et, en conséquence, le réchauffement de la planète. Toutefois, il convient de souligner que les puits de carbone sont de gros émetteurs de vapeur d'eau (H_2O) qui est de loin gaz à effet de serre, de loin le plus important gaz à effet de serre[96].

La Séquestration du carbone :

C'est le piégeage ou l'emprisonnement du carbone qui désigne les processus extrayant le carbone ou le CO_2 de l'atmosphère terrestre et le stockant dans un puits de carbone.

La Photosynthèse :

Elle est la base du mécanisme naturel de séquestration du carbone. Les bactéries photosynthétiques, les plantes et la chaine alimentaire ainsi que la nécromasse qui en dépendent sont considérées comme des puits de carbone pour la partie « *piégée* » du carbone.

---

[96] Cf. l'étude du Prof. John Christy, dept. of atmospheric science, University of Alabama in Huntsville, in *La vapeur d'eau est le gaz à effet de serre de loin le plus important. Les rejets anthropiques de CO_2 sont donc négligeables*, Jingjing Bu Dorothée Robert, décembre 2008.

Le Smog :

C'est le mélange de fumée et de brouillard stagnant parfois au-dessus des concentrations urbaines et industrielles (définition du dictionnaire français : Larousse).

Table des matières

DU MÊME AUTEUR

Rupture d'avec la Françafrique : Pour l'éradication du mal-être en Afrique francophone. Éd. Mary Bro Foundation Publishing, Londres, 2021.

Afrique subsaharienne, Côte d'Ivoire : Dans l'engrenage de la Françafrique. Éd. Edilivre, Paris, 2013.

Côte d'Ivoire, 11 avril 2011, le coup d'État de trop de la France en Afrique. Éd. L'Harmattan, Paris, 2011.

Droit des déchets en Afrique, le cas de la Côte d'Ivoire. Études africaines. Éd. L'Harmattan, 2010. (Préface de Jean-Marc Lavieille).

La responsabilité administrative et ses implications en Afrique francophone. Law in Africa (Journal of the African Law Association Germany), volume 12, 2009.

Introduction au droit de l'environnement en Afrique : le cas de la Côte d'Ivoire. Éd. L'Harmattan, Paris, 2009, 351 pages. (Préface du Prof. Michel Prieur).

La Convention de Lomé IV et l'environnement. Approche juridique. Éd. Presse universitaire Septentrion, 445 pages. Thèse de doctorat, 2000.
Etc.

Structures éditoriales du groupe L'Harmattan

L'Harmattan Italie
Via degli Artisti, 15
10124 Torino
harmattan.italia@gmail.com

L'Harmattan Hongrie
Kossuth l. u. 14-16.
1053 Budapest
harmattan@harmattan.hu

L'Harmattan Sénégal
10 VDN en face Mermoz
BP 45034 Dakar-Fann
senharmattan@gmail.com

L'Harmattan Cameroun
TSINGA/FECAFOOT
BP 11486 Yaoundé
inkoukam@gmail.com

L'Harmattan Burkina Faso
Achille Somé – tengnule@hotmail.fr

L'Harmattan Guinée
Almamya, rue KA 028 OKB Agency
BP 3470 Conakry
harmattanguinee@yahoo.fr

L'Harmattan RDC
185, avenue Nyangwe
Commune de Lingwala – Kinshasa
matangilamusadila@yahoo.fr

L'Harmattan Congo
67, boulevard Denis-Sassou-N'Guesso
BP 2874 Brazzaville
harmattan.congo@yahoo.fr

L'Harmattan Mali
ACI 2000 - Immeuble Mgr Jean Marie Cisse
Bureau 10
BP 145 Bamako-Mali
mali@harmattan.fr

L'Harmattan Togo
Djidjole – Lomé
Maison Amela
face EPP BATOME
ddamela@aol.com

L'Harmattan Côte d'Ivoire
Résidence Karl – Cité des Arts
Abidjan-Cocody
03 BP 1588 Abidjan
espace_harmattan.ci@hotmail.fr

Nos librairies en France

Librairie internationale
16, rue des Écoles
75005 Paris
librairie.internationale@harmattan.fr
01 40 46 79 11
www.librairieharmattan.com

Librairie des savoirs
21, rue des Écoles
75005 Paris
librairie.sh@harmattan.fr
01 46 34 13 71
www.librairieharmattansh.com

Librairie Le Lucernaire
53, rue Notre-Dame-des-Champs
75006 Paris
librairie@lucernaire.fr
01 42 22 67 13

www.ingramcontent.com/pod-product-compliance
Lightning Source LLC
LaVergne TN
LVHW021221061026
849535LV00008B/2851